JOSEF MANTL

I CONNECT

NETZWERK ERFOLG

—

AUFGEZEICHNET VON
ANDREA FEHRINGER & THOMAS KÖPF MIT HELMUT BERGER

© 2016, JMC, Wien

Herstellung und Verlag: BoD-Books on Demand, Norderstedt

Grafik: Bernd Plank

ISBN: 978-3-7412-2857-5

INHALT

EINLEITUNG	5
SINN UND ZIEL ERKENNEN	**7**
DAS PASSENDE NETZWERK FINDEN	12
DIE VORBEREITUNG	17
DIE VISITENKARTE	17
DIE SOZIALEN NETZWERKE	20
DAS ERSCHEINUNGSBILD	31
DAS SELBSTBEWUSSTSEIN	38
DAS ALLGEMEINWISSEN	42
DIE BUZZWORDS	46
DER COCKTAILSATZ	47
DIE ELEVATOR SPEECH	49
DIE ANFORDERUNGEN	52
AKTIV NETZWERKEN	**54**
PERSÖNLICHE HOPPALAS	55
EVENTS FINDEN UND BESUCHEN	58
VERHALTEN UND BENEHMEN	60
KÖRPERSPRACHE UND MIMIK	80

DIE NACHBEARBEITUNG	**108**
DIE KONTAKTPFLEGE	108
DIE GESCHÄFTLICHEN FREUNDSCHAFTEN	111
DIE VERHANDLUNG	112
DIE BEWERBUNG	114
DER AUSSTIEG	**125**
DAS EIGENE NETZWERK	**133**
AUSBLICK	**146**
DIE LISTE	**147**

EINLEITUNG

Genau jetzt. In diesem Augenblick. Präsenz zeigen. Auch wenn es einem vielleicht gar nicht so gefällt, dass man jetzt bei irgendeiner Veranstaltung ist. Auch wenn man lieber zu Hause wäre. Gemütlich auf der Couch. Mit Popcorn und einem guten Film. *Hangover*. *Der Pate*. *Pretty Woman*. *Star Wars*. Oder was auch immer. Aber bei dieser einen Veranstaltung zu sein. Diesen einen Menschen anzusprechen und ihn kennenzulernen, das kann sich auszahlen. Genau jetzt. Es kann das ganze Leben entscheidend verändern. In diesem Augenblick. Präsenz zeigen. Bei mir war und ist es jedenfalls immer wieder so.

Als ich 14 war, hat mich mein Vater in Graz zu einem Event mitgenommen. Ruth Feldgrill, damals Umweltministerin, und die Landesräte Erich Pöltl und Franz Hasiba haben im Josef-Krainer-Haus ihre runden Geburtstage gefeiert. Feldgrill und Pöltl ihren fünfzigsten, Hasiba seinen sechzigsten. Und ich bin da gesessen mit einem Mascherl um den Hals und bin mir selbst vorgekommen wie ein kleiner Streber. Aber es waren interessante Leute dort, erfolgreiche Persönlichkeiten und junge Talente, und dort dachte ich mir das erste Mal: Da geht was, da kann ich was machen. Jetzt kann man natürlich behaupten, ich hätte Startvorteile gehabt. Das mag teilweise stimmen. Aber einfach nur dort zu sein, das reicht nicht. Das reicht nie.

Man muss schon auch immer Initiative zeigen. Vielleicht noch keine Präsenz, aber leise Verve. Jedenfalls habe ich damals gemerkt, dass etwas in mir brodelt. Dass es in meiner Natur liegt, Menschen anzusprechen, mich mit ihnen zu unterhalten, mich und andere zu vernetzen.

Mit 15 kandidierte ich zum Schulsprecher des Akademischen Gymnasiums Graz, und kurz danach war auch der erste Steirische Schülerlandtag. Und da ist auch eine Art Startschuss für meinen Weg gefallen. Es war eine Rede gegen das FPÖ-Ausländer-Volksbegehren. Und plötzlich war ich mittendrin. In den folgenden Jahren habe ich alles gelernt. Leute ansprechen. Kontakte knüpfen. Gespräche führen. Reden halten. Manieren. Organisieren. Social Skills. Kurz: netzwerken. Aber man lernt nie aus. Deshalb ist es natürlich gut, möglichst früh damit anzufangen. Zu spät ist es aber nie. Und das will ich mit diesem Buch zeigen. Im Sinne einer leichteren Lesbarkeit werden nur männliche Bezeichnungen angeführt, die aber selbstverständlich auch die weiblichen Formen umfassen.

Jeder kann netzwerken. Und jeder sollte es auch tun. Ob man Berufseinsteiger ist oder neue Wege beschreiten will. Ob man auf Jobsuche ist oder einen guten Installateur braucht. Ob man Geschäfte machen oder einfach nur Menschen kennenlernen möchte. Man hat es selbst in der Hand und kann sich ein Netzwerk nach den eigenen Wünschen und Bedürfnissen aufbauen. Immer und überall. Man muss es nur angehen. Jetzt.

SINN UND ZIEL ERKENNEN

Netzwerke sind fast so alt wie die Menschheit selbst. Schon früh erkannte man, dass das Leben leichter ist, wenn man sich zusammentut. Die Rotte kann mehr bewegen. Also hat man Gruppen gebildet und Aufgaben verteilt. Es gab die Jäger und die Sammler. Die einen sorgten für das Fleisch, die anderen für Früchte, Gemüse, Kräuter, Beeren oder Pilze. Niemand musste jagen *und* sammeln. Und trotzdem konnte sich jeder recht ausgewogen ernähren. Zumindest für Steinzeit-Verhältnisse. Im Grunde geht es in heutigen Netzwerken um nichts anderes. Das Prinzip ist das gleiche. Was der eine gut kann, kann der andere nicht. Und was der andere kann, kann der eine nicht. Also tun sich der eine und der andere zusammen und bilden eine Gemeinschaft, in der man sich gegenseitig unterstützt. Und wenn der eine oder andere noch dazu kommt, summieren sich die positiven Aspekte und Möglichkeiten. Dann hat man immer jemanden zur Hand, sodass man gemeinsam mehr erreichen kann. Wenn das Mammut kommt oder der Säbelzahntiger vor der Höhle steht.

Die Menschen haben, einmal damit angefangen, nie mehr aufgehört, sich zusammenzuschließen. Ob Gruppen, Gesellschaften, Freundeskreise, Parteien, Studentenverbindungen, Pensionistenverbände, Vereine, Bünde oder Clubs. Nicht umsonst gilt der Mensch als soziales Wesen. Und nicht umsonst gibt es heutzutage kaum jemanden, der kein Profil auf einer Social Media-Plattform hat. Aber der größte Vorteil von Netzwerken hat sich über die Jahrhunderte nicht verändert: Die Gruppe gibt einem Kraft, um das zu tun, wofür man alleine zu schwach ist. Viribus unitis, mit vereinten Kräften – die Interessen bündeln und den Fokus auf Erfolg richten. Geballte Power macht mehr möglich.

Gegenseitige Unterstützung. Heutzutage ist nichts sicher. Man kann sich nicht darauf verlassen, dass man den Job, den man momentan ausübt, oder den Auftrag, den man gerade ausführt, immer haben wird. Man kann sich nicht absichern. Man muss netzwerken und am Ball bleiben. Nicht Vitamin B als plumpe Freunderlwirtschaft, sondern wenn, dann nur im übertragenen Sinn als Eigeninfusion und Kraftstoff für die Zukunft.

Es ist nicht gerne gesehen, wenn Menschen etwas geschafft haben, weil sie jemanden kennen. Und es soll auch nie nur wegen eines Kontakts sein, sondern immer aufgrund der Kompetenz, die sich aber gerade im Netzwerk wechselseitig stärkt. In Netzwerken bildet man Allianzen und fördert gemeinsame Interessen, lässt sich inspirieren und motivieren, man sammelt neue Erfahrungen und Erkenntnisse.

In einem Netzwerk tummeln sich allerlei Menschen. Und viel passiert über die klassische persönliche Kommunikation. Ein kompetenter Kinderarzt, ein passionierter Personal Trainer oder eine ambitionierte Geschäftsfrau, die auf der Suche nach genau dem ist, was man anbietet. Und es macht Spaß, neue Leute kennenzulernen und sich mit ihnen zu unterhalten.

Das heißt also, dass sich in einem Netzwerk verschiedene Menschen mit unterschiedlichen Fähigkeiten zusammenschließen. Sie haben gemeinsame Ziele. Jeder soll gewinnen können. Wenn man der Einzige ist, der weiß, wie begabt man ist, dann hilft einem das nicht weiter. Man muss es anderen zeigen. Muss anderen davon erzählen. Muss es anderen beweisen. Wer das nicht kann, wer sich dafür zu schade ist, wer sich nicht gut verkauft, der steht irgendwann womöglich alleine da. Als einsames Genie. Verkannt von der Welt und missverstanden von der Menschheit. Oft können andere auch, was man kann, und es bestätigt sich immer wieder: Es ist die Kombination aus Fähigkeiten und Netzwerk, die zum Erfolg führt.

Feedback einholen. In einem Netzwerk ist man auch, um sich auszutauschen. Und zwar über alles Mögliche. Über Erfahrungen, die Wirtschaft, kulturelle und gesellschaftliche Ereignisse und Veranstaltungen, Politik, Sport oder Aktienkurse. Darüber, was auf einen zukommt. Oder wie man mit der aktuellen Situation am besten fertig wird. Man bleibt immer auf dem Laufenden und bekommt stets gute Ratschläge. Auch, was potenzielle »Konkurrenten« betrifft. Leider leben wir in einer beinharten, partiell schon neo-darwinistischen Leistungsgesellschaft, wo man notgedrungen oft in der Situation ist, einfach wachsam sein zu müssen.

Bei Veranstaltungen wird viel geredet. Wer genau hinhört, erfährt vielleicht, was der Mitbewerber gerade macht. Und welche Pläne er für die Zukunft hat. Außerdem hat man die Möglichkeit, Feedback einzuholen. Am besten im kleinen Kreis. Ob das Kleid passt oder der Anzug sitzt. Ob die Präsentation, die man vorm Chef halten soll, verständlich ist. Oder ob die komplette Belegschaft bei der Rede womöglich einschlafen wird. Ob der Witz lustig oder das Manuskript lesbar ist, ob andere einen als freundlich einschätzen, oder ob man sich eine Gewohnheit lieber abgewöhnen sollte. Worum es auch geht, von Vertrauten bekommt man ehrliche Meinungen zu hören. So verhindert man Peinlichkeiten und Missverständnisse in entscheidenden Situationen. Und ist bestens gewappnet, wofür auch immer man gewappnet sein will. Die Ausrüstung dafür holt man sich mit diesem Buch. Jetzt.

ÜBERSICHT

Als Teil eines Netzwerks hat man viele Chancen:

- » Man bekommt Unterstützung in allen Lebenssituationen.
- » Man kann sich einen Namen machen und einen Ruf aufbauen.
- » Man lernt interessante Menschen kennen.
- » Man bekommt Feedback, tauscht Erfahrungen, Erkenntnisse und Informationen aus und bleibt so immer up to date.
- » Man schließt sich mit anderen zusammen und erreicht dadurch mehr.

DAS PASSENDE NETZWERK FINDEN

Make friends when you don't need them. Das ist ein klassisches Netzwerk-Motto. Netzwerkt man erst, wenn man Hilfe benötigt, kann es mitunter zu spät sein. Sichere Arbeitsplätze gibt es heutzutage nicht mehr. Eine Firma wird aufgekauft, ein neuer Chef kommt. Hier wird fusioniert, dort rationalisiert. Die Wirtschaft stagniert, der erhoffte Aufschwung bleibt aus. Oft hat man den Eindruck, dass Köpfe rollen, als hätte man gerade erst die Guillotine erfunden.

Gestern noch im Aufwind, heute im freien Fall. Es kann immer etwas passieren. Ich will jetzt keine Panik verbreiten, aber so schaut die Realität nun einmal aus. Ich habe den Kapitalismus ja nicht erfunden, aber in der Realität ist er zumeist unsere Spielwiese, der Playground, der oft einem Minenfeld gleicht.

Mit einem guten Netzwerk kann man aber hoffnungsvoller in die Zukunft blicken. Ein weiterer Grund dafür, dass man Kontakte nicht erst machen sollte, wenn man sie braucht, ist, dass sonst das Kennenlernen eher krampfig wirkt. Panik, sagt man, ist ein schlechter Ratgeber. Es gibt Geschäftsleute, die sehen aus, als wären sie gerade aus dem Gefängnis geflüchtet – und die Hunde noch hinter ihnen her. Andere wirken, als hätte man sie unter Narkose in einen Anzug gesteckt, um sie für den großen Auftritt vorzubereiten. Man begegnet auch Gestalten, die ganz schlechte Schauspieler sind und ihren Weltschmerz hinter einem Betonlächeln zu kaschieren versuchen. So was kommt nie gut. Ist man dagegen nicht gezwungen zu lächeln und Hallo zu sagen, ist man lockerer und unvoreingenommener – und wirkt dadurch einfach sympathischer. Dann geht einem alles viel leichter von der Hand. Als würde man im Regen zwischen den Tropfen laufen können. Es sagt sich so einfach, aber es geht.

Viele Möglichkeiten. Weil es darauf ankommt, die richtigen Leute zu finden, nämlich solche, die zu einem passen und gemeinsame Interessen vertreten, muss man sich, bevor man loslegt, einmal fragen, in welches Netzwerk man überhaupt will. Manche Netzwerke haben keine Aufnahmekriterien, andere wieder recht strenge. Aber darauf kommt es gar nicht unbedingt an. Wenn man irgendwo rein will, dann wird man auch einen Weg finden. Die Frage ist nur, ob man dazu passt. Bevor man sich also auf gut Glück bewirbt, schaut man sich an, was das Netzwerk überhaupt so macht. Welche Überzeugungen es vertritt. Welche Ziele es verfolgt. Eine der wichtigsten Netzwerk-Regeln lautet: Authentisch bleiben. Wer echt ist, braucht sich nie zu verstellen.

Drei Schritte. So findet man das passende Netzwerk:

 Man beantwortet die Frage: Welche Ziele will ich erreichen? Das klingt so einfach, ist es aber nicht. Und zwar deshalb nicht, weil man sich dauernd beeinflussen lässt. Vom einem Freund, der die eigenen Pläne infrage stellt. Von einer Freundin, die einem erzählt, wie toll es ist, selbstständig zu sein. Von den Eltern, die mit einem gut hörbaren Unterton fragen: »Meinst, ist das gescheit, was du da machen willst?« Von Experten, von Politikern, von den Medien. Es gibt so viele Menschen, die einem einreden, was man tun und wollen soll. So viele Umstände, die einen weg von den ursprünglichen Zielen führen können. Deshalb: Einfach einmal alles ausblenden. Sich zurückziehen. Ruhe und zu sich selbst finden. Die Augen schließen und sich das Leben so vorstellen, wie man es gerne hätte. Was will man überhaupt wirklich? Was will man erreichen? Wo will man in fünf Jahren sein? Was will man sofort ändern? Wenn man fertig ist und sein Wunsch-Dasein durchgespielt hat, filtert man die realistischen Ziele heraus. Aber nur nicht zu bescheiden sein. Man wird vielleicht nicht ins Weltall fliegen. Ein Lottogewinn ist auch eher unwahrscheinlich. Und dazu noch unplanbar. Aber ein Aufstieg im Unternehmen oder die Gründung einer eigenen Firma, das sind durchaus umsetzbare Ziele. Wer will, kann sie auch schriftlich festhalten. Manchen hilft es, die Ziele ständig vor Augen zu haben. Jedenfalls definiert man sie ganz genau. Und schreibt dazu, bis wann man sie erreichen möchte. Realistisch und (nicht zu) selbstkritisch.

(2) Man definiert Zwischenziele. Sie helfen einem, bei der Sache und motiviert zu bleiben. Auf diese Weise hat man immer wieder kleine Erfolge, über die man sich freuen kann. Den Weg zum großen Ziel, das meist in der Ferne liegt, unterteilt man in mehrere Etappen. Als würde man eine Weltreise machen. Ist das Ziel New York, wird man auch nicht einfach nur einmal um den Erdball fliegen und im Big Apple landen. Man wird Zwischenstationen machen. In London, in Südafrika, in Indien, in Japan oder in Brasilien. Und auf jede Stadt kann man sich freuen.

Ist das große Ziel zum Beispiel die Selbstständigkeit, dann sind mögliche Zwischenstationen: genug Geld ansparen, Büro suchen, Anträge stellen, Job kündigen und so weiter. Immer ein Schritt und ein Ziel nach dem anderen. Es hilft, wenn man sich immer wieder bewusst macht, wofür man etwas tut. Wenn man sich selbstständig machen will, dann womöglich deshalb, weil man sein eigener Chef sein möchte, weil man alles einmal so machen will, wie man will, und weil man sich selbst verwirklichen möchte. Auf dem Weg vergisst man das manchmal. Führt man sich aber die Vorteile ständig vor Augen, überlegt man immer wieder, wie toll das Leben sein wird, wenn man sein Ziel erreicht hat, dann bleibt man auch motiviert. Und zwischendurch darf man nicht vergessen, sich auch einmal selbst auf die Schulter zu klopfen und zu sagen: »Das hab ich gut gemacht.«

(3) Man macht eine Bestandsaufnahme und legt seine Primärplattform fest. Hat man den Weg geplant und alle Stationen festgelegt, überlegt man, welche Menschen in welchen Netzwerken behilflich sein könnten. Man sucht sich Verbündete. Damit man sich in den Netzwerken nicht verheddert, recherchiert man einmal im Internet. Welche Verbände, Clubs oder Vereine gibt es überhaupt? Welche Überzeugungen vertreten sie? Welche Ziele haben sie? Welche Veranstaltungen finden in nächster Zeit statt? Und was muss man tun, um sie besuchen zu dürfen? Dann macht man eine Bestandsaufnahme und überlegt, ob es um einen herum vielleicht schon Netzwerke gibt. Ob Freunde oder Kollegen in Netzwerken sind. Das müssen oft gar keine geschlossenen Netzwerke sein. Vielleicht gehen sie einfach nur so zu Veranstaltungen, die man auch gerne besuchen würde. Womöglich haben sie wiederum Freunde, die man gerne kennenlernen würde. Eventuell nehmen sie einen mit und

> stellen einen vor. Und dann legt man noch eine Primärplattform fest. Ein Netzwerk, ein Gebiet, auf das man sich konzentriert. Mit dem man anfängt. In dem man die ersten Kontakte knüpft und sich auch engagiert. Von dem aus sich weitere Kontakte in andere Netzwerke ergeben werden. Wobei: Es geht nicht darum, möglichst viele Kontakte anzuhäufen. Das Motto lautet: Klasse statt Masse.

Es geht also darum, sich einmal zu fragen, was man wirklich will. Alles andere ist unwichtig. Alles andere wird man entweder nicht erreichen oder nicht langfristig machen. Man kann nur voll und ganz hinter dem stehen, was man wirklich will. Danach geht es darum, sich seine Fähigkeiten bewusst zu machen, damit man weiß, was man in ein Netzwerk einbringen kann. Und dann fragt man sich noch, was man braucht, um sein Ziel zu erreichen. Wer kann einem weiterhelfen? Was muss man vielleicht noch lernen? Und in welche Netzwerke muss man, um alles zu bekommen, was man benötigt?

Aber bevor man netzwerkt, bereitet man sich noch gründlich und auf alle Eventualitäten vor. Jetzt.

DIE VORBEREITUNG

Menschen kann man überall und jederzeit kennenlernen. Auf Veranstaltungen und Messen, in Bars und im Fitnessstudio, im Supermarkt und beim Würstelstand, online und offline. Und deshalb sollte man auch immer gut vorbereitet sein. Man muss Zeit investieren. Aber es lohnt sich. Auf jeden Fall.

DIE VISITENKARTE

»Gutes Gespräch, hat mich gefreut. Ich melde mich morgen bei Ihnen. Wie kann ich Sie erreichen?«

»Haben Sie einen Kugelschreiber und einen Zettel dabei?«

Wohin auch immer man geht, eine Visitenkarte sollte man jederzeit dabei haben. Als Angestellter hat man meistens eine von der Firma. Als Selbstständiger macht man sich eine eigene. Auch, wenn man neben dem Job zum Beispiel als Fotograf oder Künstler tätig sein will, braucht man eine Visitenkarte.

Wichtige Angaben. Unbedingt draufstehen sollten die E-Mail-Adresse und die Handynummer. Und der Name natürlich. Die Postadresse ist heute gar nicht mehr so wichtig. Man schreibt sich im Businessleben fast ausschließlich E-Mails. Und Geschäftstreffen finden oft nicht mehr in Büros, sondern in Restaurants oder Cafés statt. Weil viele Leute gar kein Büro mehr haben und ihre Arbeit von zuhause aus erledigen. Vor allem am Anfang ihrer Karriere. Jedenfalls gibt es jede Menge kostenlose E-Mail-Anbieter. Hotmail, Yahoo, Gmail, GMX und wie sie alle heißen. Sobald man selbstständig ist, ist so eine E-Mail-Adresse nicht mehr ausreichend. Für private Zwecke ist das schon okay. Aber wenn es ums Geschäft geht, braucht man eine eigene. Also nicht: becker@gmx.at. Sondern: office@becker-marketing.at. Schon als Student, selbst als Schüler kann man eine Visitenkarte haben, die vielleicht etwas lockerer und lustiger gestaltet ist. Schließlich kann man nie früh genug damit beginnen, ein Netzwerk aufzubauen.

Wer eine Seite auf Facebook hat, kann den Link ebenfalls auf die Visitenkarte schreiben. Den Link zum privaten Profil aber nur, wenn man sich gut überlegt hat, ob man das wirklich will und es zu einem passt. Wichtig ist, dass man im sozialen Netzwerk aktiv ist. Hat man eine Facebook-Page mit 45 Fans, und der letzte Eintrag ist schon drei Monate alt, macht das keinen guten Eindruck. Dasselbe gilt für die Webseite oder den persönlichen Blog. Man braucht das, wenn man selbstständig ist oder in der Freizeit etwas macht, das mit der Arbeit nichts zu tun hat. Und das man vorantreiben möchte. Etwas Kreatives. Sonst braucht man als Angestellter keine Webseite. Das könnte der Arbeitgeber in den falschen Hals bekommen.

Zeitloses Design. Wer beruflich und privat netzwerken möchte, braucht zwei verschiedene Visitenkarten. Denn wer Unterstützung für etwas braucht, das er in der Freizeit macht, kann – außer in Ausnahmefällen – keine geschäftlichen Visitenkarten austeilen. Entscheidend ist außerdem das Design. Keine Spielereien, keine Blödeleien. Auf der Visitenkarte muss kein Foto sein. Und auch kein ausgefallenes Muster. Es gibt schon besondere Karten, die gut ankommen können. Zum Beispiel essbare, die funktionieren, wenn man eine Bäckerei hat. Oder eine für Friseure, die ausschaut wie ein Kamm. Aber grundsätzlich gilt: Je einfacher, desto besser. Dafür braucht man nicht unbedingt einen Grafiker. Im Internet findet man Vorlagen und kann sie sich direkt bestellen.

Project Card. Arbeitet man an einem besonderen Projekt, kann man dafür eine eigene Karte machen. Wenn man zum Beispiel eine IT-Firma hat und Homepages und Applikationen programmiert, reicht dafür die klassische Visitenkarte. Aber wenn man dann eine spezielle Idee, Initiative oder Aktion realisieren möchte, etwa eine App, über die Menschen etwas verkaufen können, was sie nicht mehr brauchen, dann macht man eine Karte, auf der steht: Flea – der virtuelle Flohmarkt. Dabei kann es sich zum Beispiel auch um ein Kulturprojekt, eine große Konferenz oder eine Nachhaltigkeitsinitiative handeln. Ein Slogan und die Kontaktdaten dazu, fertig. Der Vorteil so einer Project Card ist, dass der, dem man sie gegeben und dem man davon erzählt hat, auch Tage später noch ganz genau weiß, worum es geht, wenn er sich die Karte anschaut. Er wird sich an dich und dein Projekt sofort erinnern.

Richtige Aufbewahrung. Überreichen sollte man Visitenkarten und Project Cards immer in einwandfreiem Zustand. Deshalb bewahrt man sie auch nicht in der Geldbörse auf. Frauen können sie in ein Extra-Fach der Handtasche geben. Männer haben sie in der linken Sakkotasche. Linkshänder in die rechte. Und zwar ohne Hülle. So kann man sie jederzeit schnell hervorziehen und überreichen. Und in die andere Sakkotasche gibt man die Karten, die man bekommt. So bringt man im Trubel nichts durcheinander und verteilt auch keine fremden Visitenkarten.

DIE SOZIALEN NETZWERKE

Das Internet hat sich in den vergangenen Jahren immer mehr zu einem interaktiven Medium entwickelt. Social Media ist das Stichwort. Hier kann jeder zu allem seine Meinung kundtun. Hier kann jeder Feedback geben. Hier kann jeder Inhalte schaffen. Hier kann sich jeder mit jedem austauschen. Und das macht auch fast jeder. Es gibt kaum jemanden, der nicht in einem sozialen Netzwerk vertreten ist. Manchmal ist man sogar in mehreren aktiv. Warum auch nicht? Immerhin machen sie einem Netzwerken so einfach wie nie zuvor, und sind sie gute Plattformen, um andere Menschen kennenzulernen, um sich über sie zu informieren, um mit ihnen zu kommunizieren und vor allem um sich selbst darzustellen. Aber genau das ist oft das Problem.

Viele denken nicht darüber nach, welche Fotos und welche Informationen sie veröffentlichen, welche Meinungen sie wohin schreiben, und welche Auswirkungen das haben kann. Andere stellen sich nur so dar, wie sie gerne wären. Und nicht so, wie sie tatsächlich sind. So oder so, man kann ganz schnell einen falschen Eindruck von sich vermitteln. Und den wird man nur schwer wieder los. Vorsicht ist auch im World Wide Web besser als Nachsicht.

Die Möglichkeiten. Mehr als 1,35 Milliarden Menschen nutzen Facebook aktiv. 1,1 Milliarden greifen auch mobil darauf zu. Das soziale Netzwerk ist vor allem dazu da, mit bereits bekannten Menschen in Kontakt zu treten und ihn zu pflegen, sich darzustellen und sich unterhalten zu lassen. Man kann Gruppen beitreten und so andere Leute mit gleichen Interessen kennenlernen. Man kann Seiten erstellen, *Gefällt mir*-Angaben sammeln und damit die Bekanntheit steigern. Wenn man zum Beispiel eine Firma hat. Oder eine Band. Wenn man Künstler ist. Oder Politiker. Und man kann solche Seiten natürlich selbst mit *Gefällt mir* markieren und dadurch am Laufenden bleiben. Auch, was Veranstaltungen betrifft.

Wer auf Facebook aktiv ist, wird laufend zu Events eingeladen. Aber es gibt noch einen wichtigen Grund dafür, warum es das soziale Netzwerk ist, in dem man vertreten sein sollte. Andere machen sich ganz gerne ein Bild von einem. Personalisten schauen sich Facebook-Profile von Bewerbern an. Und auch, wenn man auf einer Veranstaltung jemanden kennenlernt, sucht man ihn am nächsten Tag im sozialen Netzwerk. Man informiert sich über seine Interessen, schaut sich vielleicht noch die Bilder an und verschafft sich so einen Gesamteindruck. Und deshalb sollte man auch, bevor man drauflos netzwerkt, ein paar Dinge beachten und das Profil auf Business-Netzwerk-Tauglichkeit überprüfen.

Die Privatfotos. Facebook hat als privates Netzwerk gestartet, sich aber im Laufe der Jahre immer mehr auch mit dem beruflichen Leben vermischt. Das heißt, dass man hier sehr wohl auch Urlaubsfotos hochlädt, sich mit Freunden unterhält oder ein lustiges Video postet. Im bekanntesten sozialen Netzwerk ist es möglich, alle Kontakte bestimmten Gruppen zuzuordnen. Freunde, enge Freunde, Familie und Geschäftskontakte zum Beispiel. In den Privatsphäre-Einstellungen kann man festlegen, wer sich was anschauen darf. Dasselbe gilt für Fotoalben und *Gefällt mir*-Angaben. Man kann auch festlegen, dass man Bilder, auf denen man von anderen markiert wird, überprüfen kann. Wenn jemand auf die glorreiche Idee kommt, ein peinliches Partyfoto upzuloaden, kann man elektronisch sagen: Nein, ich will nicht, dass das jemand von meinen Kontakten sieht.

Letztlich muss man sich aber immer bewusst sein, dass trotz Gruppeneinteilung die Bilder immer irgendwo irgendwie für irgendwen sichtbar sein können. Ich persönlich mache deswegen gar nicht erst große Unterteilungen, sondern bin einfach ganzheitlich um- und vorsichtig. Was im Netz ist ist im Netz. Peinliche Bilder soll man natürlich erst gar nicht selbst hochladen. »No na«, möchte man sich jetzt denken, aber jeder von uns hat sich sicher schon einmal gewundert, allein in seinem persönlichen Bekanntenkreis, zu welchem Exhibitionismus die Leute fähig und bereit sind. Der Grat zur Peinlichkeit ist ein schmaler. Sonst wird man sofort abgestempelt. Punziert. »Schau, der war schon wieder auf einer Party, der feiert anscheinend jeden Tag.« So was kommt nicht gut an, und die

Kunden denken sich: Der Bursche ist ein Hallodri. Aufpassen! Besser ist es, sich auf wenige Fotos zu beschränken, die verschiedene Facetten von einem zeigen und ein stimmiges, positives Gesamtbild zeichnen. Man geht ja auch nicht zum Vorstellungsgespräch und zeigt dem neuen Chef die argen Fotos von der Maturareise, damals in Spanien, als man den Sangria noch aus dem Kübel getrunken hat.

Die Beiträge. Wichtig ist vor allem, dass das Profilbild vorteilhaft ist. Das kann nämlich jeder sehen. Selbst die Menschen, mit denen man gar nicht befreundet ist. Und wie gesagt: Auch wenn man alles optimal eingestellt hat. Auch wenn man glaubt, dass niemand etwas sehen kann, das er nicht sehen darf, sollte man sich bei jedem Foto, das man veröffentlicht, fragen: Was würde mein Chef oder ein potenzieller Geschäftspartner dazu sagen? Was verrät das über mich? Will ich, dass mich die Leute so sehen? Denn vielleicht hat man vergessen, jemanden in die richtige Gruppe zu stecken. Womöglich hat man einer Gruppe auch unabsichtlich zu viele Freiheiten gegeben. Eventuell sieht jemand das Bild über einen dritten. Alles, was online ist, kann weiterverbreitet werden. Auch von Freunden oder Familienmitgliedern. Und früher oder später kann es einen wieder einholen. Das gilt auch für Statusmeldungen, Beiträge und *Gefällt mir*-Angaben. Jeder nachvollziehbare Klick erlaubt einen Einblick in die Seele.

Klingt dramatisch, ist aber so. Gefällt einem eine Satire-Seite wie die Tagespresse, wissen andere, dass man Humor hat. Und welche Art von Humor. Teilt man einen Artikel der Frankfurter Allgemeinen Zeitung, heißt das für andere: Der ist gebildet und informiert sich über das Tagesgeschehen. Schreibt man jeden Tag eine Statusmeldung darüber, wie sich der Hautausschlag entwickelt, wird man bald seine Freunde nerven. Und Geschäftspartner sowieso. Nicht nur wegen des Inhalts. Wer sich bei Facebook anmeldet, sollte schon aktiv, aber nicht hyperaktiv sein. Der sollte sich genau überlegen, wann er was postet. Zu viele und zu persönliche Informationen kommen nicht gut an. Spammen verboten. Und immer gilt: authentisch bleiben! Es schadet nicht, seine Fotos einmal zu sichten und seine Beiträge noch einmal durchzulesen – und gegebenenfalls zu löschen, ehe man mit dem Netzwerken loslegt. Sonst zieht man sich den Stecker raus, noch bevor man überhaupt erst unter Strom steht.

Die Freundschaftsanfragen. Qualität vor Quantität. Das gilt für jedes Netzwerk, auch für virtuelle. Es kommt nicht darauf an, möglichst viele Freunde zu haben. Die richtigen müssen es sein. Dem Chef oder fremden Menschen schickt man Freundschaftsanfragen nur mit Vorsicht oder wenn es einen Grund oder Hintergrund gibt. Zumeist fügt man Leute hinzu oder wird hinzugefügt, wenn man sich persönlich irgendwo getroffen hat, oder jemand anderer hat einen Freundschaftsvorschlag gemacht. Man muss hier ein bisschen auf sein Fingerspitzen- und Bauchgefühl vertrauen. Denn wie gesagt, bei Facebook hat sich Berufliches und Privates stark vermischt. Der hauptsächliche Parameter ist lustigerweise gerade das Faktum, ob man sich zumindest, und sei es auch noch so kurz, persönlich getroffen hat – das virtuelle Netzwerk lebt also unglaublich von der realen Begegnung, und das ist auch irgendwie das Schöne. Natürlich darf man Anfragen auch ablehnen. Das ist nicht unhöflich, obwohl es komisch wirken kann. Einigen kommt das sicher seltsam vor. Aber man kann zum Beispiel schon schreiben: Vielen Dank für Ihr Interesse, aber ich nehme nur Anfragen von Menschen an, die ich im analogen Leben kennengelernt habe, und bitte deshalb um Verständnis dafür, dass ich Ihre vorerst ablehnen muss. Aber ich mache das offen gesagt nicht, ich nehme dann die Anfrage einfach nicht an, auch nicht von Leuten, mit denen man einfach nicht auf Facebook befreundet sein will. Einmal im Jahr sollte man seine Freundesliste sowieso sichten. Und zwischendurch gibt es immer wieder Anlässe und Vorfälle, nach denen man jemanden als Facebook-Freund löscht. Auch spannend und ein Zeichen der Macht dieses sozialen Netzwerks ist, wie aufgeregt manche darauf reagieren. Ist inzwischen Faktum und Teil der soziologischen und persönlichen Interaktion, kann auch erheiternd sein, aber jedenfalls hat es Wirkung. Unbestrittene Tatsache ist, dass die sozialen Netzwerke mit Facebook an der gekrönten Spitze eine ganz eigene Dynamik und Wertigkeit haben.

Die Seiten. Wer ein Unternehmen oder ein Projekt hat, der kann eine Facebook-Seite erstellen, um seinen Bekanntheitsgrad zu erhöhen. Die können andere mit *Gefällt mir* markieren. Dann erscheinen die Neuigkeiten, die man postet, auf deren Facebook-Walls. Hier kann es ums Geschäft, um Aktionen, Personen oder Interessen gehen. Auch hier überlegt man sich gut, wann man was postet. Und was man preisgibt. Auch hier fragt man sich vorher: Was verrät das über mich und mein Unternehmen beziehungsweise meine Aktivität? Auf Feedback muss man immer eingehen und rechtzeitig reagieren. Spammen ist unerwünscht. Die Facebook-Gemeinde kann da ziemlich schnell grantig werden.

Entscheidend bei so einer Seite ist dann letztlich schon immer, wie viele Fans man hat. Je mehr, desto besser. Manche regen sich auf, wenn ich das so offen und ehrlich sage, aber ich stehe dazu. Natürlich gilt das nur, solange es reale Menschen sind. Und nicht vom anderen Ende der Welt, das wäre sonst unglaubwürdig. Es sei denn, es ist eine dezidiert internationale Sache. Eine große Anzahl an Fans zeigt Kraft und Visibility. Kombiniert man das noch mit Interaktion auf der Seite, hat man die Königsklasse erreicht. Mit spannenden Beiträgen, Gewinnspielen und interaktiven Inhalten steigert man die Dynamik der Fans. Wer ein bisschen Geld investiert, kann neue dazugewinnen, indem er Beiträge hervorhebt oder die Seite bewirbt. Es schadet auch nicht, ähnlichen Seiten zu folgen und deren Beiträge zu teilen.

Die anderen Netzwerke. Neben Facebook gibt es natürlich noch weitere Plattformen. Twitter, von manchen die »Bubble für Politiker und Journalisten« genannt, aber jedenfalls international, was die Userzahlen betrifft, sehr erfolgreich. Instagram für Fotos, stark im Kommen. Snapchat mit hohem Fun-Faktor. Whatsapp ist für Textnachrichten äußerst beliebt. Google Plus hat sich nie wirklich durchgesetzt. Bei Business Netzwerken sind Xing oder LinkedIn führend. Privates hat hier weniger verloren. Es geht mehr ums Geschäft. Und dementsprechend professionell präsentiert man sich auch. Das heißt: Ein Foto in Business-Kleidung genügt, bitte lächeln, aber dezent.

Man stellt die Qualifikationen und den beruflichen Werdegang in den Vordergrund. Und man sucht sich genau aus, wen man in sein berufliches Netzwerk aufnimmt, welche Kontakte man hinzufügt. Für Freunde, die mit dem, was man beruflich macht, nichts zu tun haben, gibt es Facebook. Obwohl sich, wie gesagt, Vieles vermischt. Übrigens: Bei Xing und LinkedIn kann man sich gratis registrieren. Man kann dann einen gewissen Betrag für bestimmte Zusatzfunktionen bezahlen und seinen Account aufwerten. Ich möchte keine pauschale Aussage darüber machen, ob das sinnvoll ist. Das hängt ganz davon ab, was man erreichen will.

Umsonst ist es bestimmt nicht. Gratis ist kaum eine Social Media-Plattform. Man bezahlt fast immer. Wenn nicht mit Geld, dann mit den Daten, die weiterverwendet werden dürfen. Deshalb: Immer die AGBs (Allgemeinen Geschäftsbedingungen) durchlesen. Oder in Kauf nehmen, dass sie deine elektronischen Spuren kategorisieren und an Interessenten verschachern. Big-Brother-is-watching-you: Der Mensch ist gläsern.

Wir reden hier davon, gute Leute für sich zu gewinnen. Natürlich ist es da von Vorteil, in möglichst vielen sozialen Netzwerken vertreten zu sein. Man kann sich bei Facebook anmelden und ein Profil bei Xing und LinkedIn, bei Twitter und Instagram anlegen. Dann deckt man alles ab und hat dementsprechend viele Kontakte. Das nützt aber nur, wenn man wirklich aktiv ist. Besser ist es, man hat gar kein Profil, als eines, auf dem sich nichts tut. Wie bei allen Netzwerken gilt auch für die virtuellen: Man sollte sie hegen und pflegen. Wie Pflänzchen. Deshalb ist es gescheiter, wenn man sich auf einige konzentriert. Perfekt wären natürlich Facebook, Twitter, Instagram, Xing und LinkedIn gemeinsam, aber man muss sich dann auch darum kümmern.

Die 10 Benimmregeln laut Knigge. Für das Internet gibt es viele Verhaltensregeln. So kann man sich unter www.eetiquette.de die 101 Leitlinien für die digitale Welt durchlesen. Da steht dann zum Beispiel auch: Wenn du eine lange Nachricht schreibst, erwarte keine Antwort in ähnlichem Umfang. Oder: Wer verheiratet ist und ein zweites Handy mit Prepaid-Karte besitzt, könnte den Verdacht erwecken, eine Affäre zu haben. Oder auch: Nur R2D2 darf eine Beziehung digital beenden.

Auch der deutsche Kniggerat (www.knigge-rat.de) hat Regeln aufgestellt und bringt alles, was man wissen sollte, auf den Punkt. Zehn Gebote sind es geworden. Plus zwei Zusatzregeln fürs Geschäftsleben. Ich habe zwar teilweise eigene oder partiell andere Interpretationen, aber auch deren Ansichten sind interessant zu lesen:

(1) **Wählen Sie Ihre favorisierten Netzwerke sorgsam aus**

Überlegen Sie kritisch, welche Netzwerke für Sie geeignet sind. Kriterien sind Kosten, Datenschutzbestimmungen, Popularität und Image des Netzwerks, Funktionen und Angebote sowie Ihr persönlicher Nutzen durch den Beitritt. Entscheidend ist, ob Sie die Plattform beruflich oder privat nutzen möchten. Vermeiden Sie eine Mischung aus beiden Bereichen und die Freigabe allzu vertraulicher Informationen.

(2) **Bleiben Sie authentisch**

Bauen Sie keine fiktive Identität auf. Nicht nur Freunde, auch potenzielle Geschäftspartner und Arbeitgeber recherchieren im Internet. Ihre Glaubwürdigkeit und Reputation leiden, wenn das Gesamtbild nicht stimmig ist. Hilfreich ist es zum Beispiel, wenn Sie in allen Netzwerken das gleiche Foto verwenden. Vermeiden Sie es außerdem, innerhalb eines Netzwerkes mit zwei Profilen zu agieren. Das stiftet Verwirrung.

(3) Meiden Sie plumpe Vertraulichkeiten

Überlegen Sie sich vorab, welche Kontakte Sie über welches Netzwerk pflegen möchten. Ihre Kunden sind nicht unbedingt Ihre »Freunde« und empfinden diese Bezeichnung vielleicht als unpassend oder zu intim.

Prüfen Sie außerdem Ihre individuellen Sicherheitseinstellungen sorgfältig. Manch ein Nutzer ist verwundert, dass seine Party- und Bikinifotos vom letzten Urlaub ungeschützt und für jeden zugänglich sind.

(4) Lehnen Sie unerwünschte Anfragen ab

Haben Sie keine Scheu davor, unerwünschte Kontaktanfragen abzulehnen. Eine taktvolle Rückmeldung, dass Sie nur persönlich bekannte Personen als Freunde bestätigen, vermeidet Missverständnisse und gehört zum guten Ton. Vorsicht ist insbesondere vor jenen geboten, die virtuelle Kontakte wie Trophäen sammeln. Dies ist kein Zeichen von Qualität, sondern eher für Oberflächlichkeit und Geltungssucht.

(5) Belästigen Sie Ihre Kontakte nicht

Belästigen Sie Ihre »Freunde« nicht mit nervenden Spielen und Anwendungen. Wenn Sie Ihre Kommunikation nur auf spielerische Anfragen beschränken, werden Sie schnell ignoriert.

(6) Bleiben Sie freundlich

Wahren Sie die Formen der Höflichkeit. Auch wenn alle Netzwerk-Partner als »Freunde« angezeigt werden, kommt ein unvermitteltes Duzen zwischen Geschäftspartnern nicht stilvoll an. Eine korrekte Anrede und ein höflicher Abschiedsgruß gehören bei Kontaktanfragen dazu und steigern Ihre Chancen, akzeptiert zu werden.

(7) Reagieren Sie humorvoll

Löschen Sie keine unbequemen Einträge von Ihrer Pinnwand, denn Zensuren sind den meisten Menschen suspekt. Reagieren Sie humorvoll statt verbissen. Entscheidend ist nicht der Eintrag, sondern Ihre Reaktion.

(8) Halten Sie den Dialog lebendig

Überprüfen Sie regelmäßig Ihre Nachrichten und kommunizieren Sie mindestens einmal pro Woche mit Ihren Netzwerk-Partnern. Nur wenn Sie direkt auf Einträge reagieren, bleibt der Dialog lebendig.

(9) Behalten Sie den Weitblick

Überlegen Sie vor jedem Eintrag, ob er auch später noch gut für Ihre Reputation ist. Das Internet vergisst nie. Stellen Sie sich die Frage: Möchte ich, dass meine Meldung auch in zwei Jahren gefunden und gelesen werden kann? Achten Sie auf Ihre innere

Stimme und löschen Sie lieber direkt impulsive Einträge, die Ihnen selbst oder anderen schaden könnten. Bedenken Sie, dass etliche Firmen die Netzwerk-Einträge potenzieller Bewerber prüfen.

(10) Schließen Sie Trolle aus

Lassen Sie sich nicht von unangenehmen Zeitgenossen zu unüberlegten Reaktionen verleiten. Die sogenannten Trolle sind nicht am eigentlichen Thema interessiert, sondern wollen nur Menschen in Misskredit bringen oder Diskussionen sabotieren. Blockieren Sie diese Personen in Ihrer Kontaktliste.

EXTRA-TIPPS FÜRS GESCHÄFTSLEBEN

Business-Tipp: Geben Sie Empfehlungen

Nutzen Sie Ihr Netzwerk, um kurz über interessante Filme, Bücher oder Produkte zu schreiben. Wie im realen Leben dürfen Sie zwischendurch auch mal auf eigene Projekte hinweisen. Die Abwechslung ist entscheidend.

Business-Tipp: Aufdringliche Werbung ist tabu

Belasten Sie »Freundschaften« nicht mit aggressiver Werbung. Wenn Sie nur verkaufen wollen, werden Sie schnell ignoriert. Denken Sie langfristig und vermeiden Sie es, als »nervender Nachbar« ausgegrenzt zu werden.

DAS ERSCHEINUNGSBILD

»Schau dir den einmal an, so ein Kasperl.«

»Und seine Begleitung erst. Das ist doch kein Kleid, das ist ein Negligee.«

Es gibt keine zweite Chance für den ersten Eindruck. Und ja, natürlich zählt der Charakter. Der Anzug kann noch so schick, das Kleid noch so elegant sein. Hat man nichts zu sagen, wirkt man weder interessant noch kompetent. Lieber ganz schön umwerfend als umwerfend schön. Trotzdem: Einen Eindruck davon, wer man ist, machen sich andere beim ersten Blick. Ein paar Zehntelsekunden sind das. Und dieser Eindruck sollte sie nicht täuschen. Oder enttäuschen.

Dabei muss man bedenken: Egal, ob man in der Stadt oder am Land ist. Man glaubt vielleicht, die Leute sind tolerant, liberal und aufgeschlossen. Aber das gilt nicht für alle. Da gibt es eine gewisse Doppelmoral. Überall wird getuschelt und verurteilt. Gemauschelt und verrissen. Gekichert und verhöhnt: Schau, die eine Dame bei der Charitygala, zwar engagiert und bemüht, aber die hatte einen Auftritt, puh. Und alles, woran man sich danach erinnerte, alles, worüber man sprach, war ihr viel zu aufreizendes Gewand. Das, was sie als Dekolletee interpretiert hat, würde man in einem Porno durchaus gutheißen, aber nicht bei einer Soiree, wo sie schon die Nase rümpfen, wenn der Lachs leicht schief auf dem Brötchen liegt. Die Männer bestarren das pralle Leben und tun so, als wären sie entsetzt, und die Frauen verdrehen die Augen, wie bei *Pretty Woman*, wo ihr die Weinbergschnecke vom Teller flutscht. Jawohl, man wird wegen kleinen Fauxpas abgestempelt. Und ein zweiter Eindruck kann den ersten nicht vergessen machen. Was bleibt, sind die Brüste. Oder die weißen Socken. Oder das Loch in der Anzughose. Oder die schmutzigen Schuhe. Oder der Griff ins Buffet. Oder der Vollrausch. Oder das dümmliche Geschau. Oder das grellbunte Kleid, das aussieht, als wäre ein Pfau explodiert.

Eine Grundregel fürs Outfit: Man muss sich wohlfühlen. Es bringt nichts, sich zu verkleiden, ein rosa Hemd oder ein kurzes Kleid anzuziehen, wenn es einen verunsichert. Man muss sich selbst schon treu bleiben. Und die Kleidung muss zum Anlass passen. Bei manchen Veranstaltungen gibt es einen Dresscode, das vereinfacht die Kleiderwahl erheblich. Ohne Dresscode braucht man ein Gespür dafür, wann welches Outfit angebracht ist. Obwohl oder gerade weil mir meine Freunde manchmal sagen, dass ich nicht den allerbesten Modegeschmack habe, erlaube ich trotzdem ein paar Style-Tipps zu geben:

Der Mann: von schick und elegant bis locker und lässig. Herren sollten auf jeden Fall einige Anzüge im Schrank haben. Einen schwarzen, einen blauen, einen grauen. Je seriöser der Anlass, desto dunkler der Anzug. Damit liegt man nie falsch. Selbst bei lockeren Events nicht. Lieber over- als underdressed. Keinesfalls fehlen dürfen Sakkos in der Garderobe. Sie werten jedes Outfit auf. Zu einem schwarzen beispielsweise kann man sehr wohl (teilweise sogar leicht zerrissene) Jeans, ein T-Shirt oder Sneakers anziehen. Das ist ein Allround-Outfit. Bei den meisten Club- und Afterwork-Events macht man damit ganz gute Figur. Weil man Dynamik und Aufgeschlossenheit ausstrahlt. Funktioniert natürlich nur, wenn es einem passt. Und nur bis zu einem gewissen Alter. (Das gilt natürlich auch für mich, aber derzeit erlaube ich es mir noch.)

Das Gute an so einem Outfit ist, dass man es kombinieren kann. Verschiedene T-Shirts zu verschiedenen dunklen Jeans, immer wieder ein anderes Sakko drüber, coole Schuhe dazu, passt. Das funktioniert fast immer. Ich trage zum Beispiel auch gerne meine Terminpullover. So nenne ich die Pullis mit V-Ausschnitt. Hemd oder Polo-Shirt drunter und fertig. Da braucht man dann kein Sakko dazu. Was man nur in der Startup Szene, im Büro wenn man keine Termine hat oder in der Freizeit tragen sollte: Hoodies, also Kapuzenpullover. Sind zwar lässig, aber Situation und Anlass müssen passen. Allgemein müssen Pullover gut sitzen und angenehm zu tragen sein. Und auch auf kurze Hosen sollte man verzichten. Jeans, Hemd, Sakko, schöne Schuhe – damit kann man nichts falsch machen. Das kann man im Alltag anziehen, weil es bequem ist. Und bei eleganten, offiziellen und förmlichen Anlässen, Business-Veranstaltungen, Bewerbungsgesprächen oder einem Gala-Dinner schlüpft man in ein schickes Outfit. Zum Beispiel in den klassischen Anzug.

Eine Krawatte muss heutzutage nicht unbedingt sein. Ich trage manchmal ganz bewusst keine. Eine normale Krawatte wirkt meist sehr förmlich, was man aber natürlich auch bewusst einsetzen kann. Die Mode ändert sich zwar ständig, aber die dünne Variante ist eine lässige und doch elegante Zwischenlösung und passt eigentlich immer. Eine Masche empfehle ich nicht. Außer zum Frack natürlich. Aber wenn man nicht gerade auf den Opern- oder Philharmonikerball geht, braucht man auch keinen Frack. Und sonst wirkt das Mascherl eher lächerlich. Sogar Wolfgang Schüssel, dessen Markenzeichen die Masche war, hat sie irgendwann abgelegt. Für viele ein No-Go: gestreifte Krawatte zu einem karierten Hemd. Oder umgekehrt. Auch farblich sollten die beiden harmonieren. Hier bitte keine expressionistischen Experimente.

Apropos: Wenn es ums Outfit geht, sollte man es nie zu bunt treiben. Mein Credo: Nicht mehr als eine grelle Farbe beim Mann. Ein rotes Hemd, eine grüne Hose, gelbe Sneakers und ein blaues Sakko, das ist zu viel. Viel zu viel. Dann schaut man aus wie ein Vogel. Als Künstler kann man das vielleicht noch machen. Aber nicht als Geschäftsmann. Da reicht es, wenn man einen gelben Gürtel oder rote Schuhe trägt. Kommt natürlich auch aufs Event an. Und es schadet auch nicht, wenn man ein bisschen auffällt. So bleibt man in Erinnerung. Aber es ist ein Tanz auf dem Hochseil. Ein buntes Kleidungsstück oder Accessoire zu viel kann schon lächerlich ausschauen. Ist man sich unsicher, kleidet man sich lieber in gedeckten Farben und überzeugt stattdessen mit seiner Persönlichkeit. Verzichten sollte man als Mann – ab einem gewissen Alter – auch auf Blondierungen. Also keine blond gefärbten Haare, auch keine Strähnen. Ich hatte sie früher selbst, aber so ab 30 nicht mehr... Für Frauen gilt das freilich nicht.

Die Frau: von sexy und verführerisch bis mondän und seriös. Frauen müssen noch viel mehr darauf achten, was sie anziehen. Weil man ganz genau auf ihre Outfits schaut. Zu sexy sollte es nicht sein. Darüber redet man, und nicht immer in den besten Tönen. Oft spricht da auch der Neid. Aber das ändert nichts an der Tatsache, dass ein bitchy Image bleibt. Und die Männer finden das nicht immer so attraktiv, wie man vielleicht glaubt. Jedenfalls wird man abgestempelt. Ein bisschen Haut zeigen, ein Ausschnitt, das geht schon, wunderbar. Aber sexy ist nicht gleich sexy. Man kann sich ein schönes Kleid anziehen und ausschauen wie ein elegantes Bond-Girl. Man kann sich aber auch einen billigen Fetzen anziehen und ausschauen wie eine Tussi. Dann wird gescherzt und sicher derb geredet. Auch in den besten Kreisen. Und natürlich ist ein aufreizendes Outfit auch nicht für jeden geeignet. Nicht für jedes Alter, nicht für jede Figur. Das soll keine Beleidigung, sondern eine Warnung sein. Einige Menschen sind eben oberflächlich. Und selbst die, die vorgeben, es nicht zu sein, bekommen vielleicht nicht den besten Eindruck. Immer gut angezogen ist man als Frau mit einem Businesskostüm. Es verleiht Seriosität, strahlt Zuverlässigkeit und Vertrauenswürdigkeit aus. Wie die Herren können auch die Damen ein Sakko und dazu Jeans tragen. Praktisch für den Alltag, passend für die meisten Gesprächstermine und Veranstaltungen.

Die Schuhe. Hauptsache, sie sind geputzt. Ich muss zugeben, dass meine nicht immer sauber sind. Und mir ist das dann auch unangenehm. Man fühlt sich gleich nicht mehr so wohl und hat das Gefühl, dass alle dauernd auf die Schuhe starren. Wichtig ist auch, dass sie bequem sind. Immerhin steht man bei manchen Veranstaltungen stundenlang. Frauen würden dann ihre High Heels schon gerne einmal ausziehen. Aber barfuß kann man auch nicht herumlaufen. Für Frauen gilt: Ist man tagsüber im Büro, und geht man abends zu einer Veranstaltung, empfiehlt es sich, normale Schuhe anzuziehen, High Heels mitzunehmen und erst zu tragen, wenn man zum Event geht. Man kann schon in flachen Schuhen dort aufkreuzen, ein bisschen Absatz schadet aber nicht. Gerade zu einem Kleid oder einem

Rock. Denn die Schuhe, und das gilt auch für die Herren, sollten immer zum Outfit passen. Noch ein Tipp: keine dunkelbraunen Schuhe zu einem schwarzen Anzug. Die beiden Farben harmonieren einfach nicht. Bei den Herren bitte auch keinen braunen Gürtel zu schwarzen Schuhe. Gürtel und Schuhe sollten aus einem Farbtopf kommen.

Die Accessoires. Männer tragen gerne Uhren. Für mich gehören sie nicht unbedingt zur Grundausstattung. Aber wenn man schon eine trägt, dann keine, die ausschaut, als wäre sie gerade noch an der Wand gehangen. Also keine protzige. Die Damen tragen gerne Schmuck, sollten sich aber nicht zu viel umhängen. Man will ja nicht als Christbaum daherkommen. Das wichtigste Accessoire einer Frau ist natürlich die Handtasche. Sie vermittelt einen Eindruck. Louis Vuitton-Taschen sind eine eigene Kategorie, manchen sind sie schon zu chichi, andere akzeptieren oder schätzen sie einfach als wertvolles Accessoire. Überhaupt geht es nicht darum, sich jetzt eine teure Garderobe einzurichten. Man muss nicht Tausende Euro für Designer-Gewand ausgeben, damit die Logos jedem ins Auge springen. Ganz im Gegenteil. Die Kleidung muss zu einem und zur Veranstaltung passen. Nicht mehr und nicht weniger. Man muss sich wohl fühlen und authentisch bleiben. Nur dann strahlt man Selbstbewusstsein aus. Und nichts ist anziehender.

In die Tasche gehört auch das Mobiltelefon. Herren bewahren es in der Sakko- oder Hosentasche auf. Und bitte nicht in einem Handyhalter am Gürtel. Ich hatte selbst so einen und habe ihn lange trotz der Sticheleien getragen. Auch noch, als er längst out war. Aber ich konnte mich davon befreien. Brillen mit Fenstergläsern sind auch so eine Sache. Hatte ich nie, waren aber einmal total trendy. Trägt man sie, schadet man damit natürlich der Authentizität. Und gescheiter wirkt man auch nicht. Ganz im Gegenteil. Tattoos sind hingegen längst gesellschaftsfähig geworden. Viele Menschen haben eines. Irgendwo. Versteckt. Und das ist wichtig: Keine Tattoos am Hals oder im Gesicht. Das empfehle ich gerade Teenagern oder Twens, in jungen Jahren ist man natürlich lockerer. Aber nicht, dass man später eine Jugendsünde dieser Art bereut. Natürlich kommt es auch dabei darauf an, in welches Netzwerk man will. Ganz allgemein kann man schon sagen, dass solche Tätowierungen nicht überall gern gesehen sind. Jemand, der einen Anker am Oberarm und eine nackte Lola am Unterarm trägt, wird sich da und dort vielleicht schwerer tun.

Die Trends. Die Mode ist einem ständigen Wandel unterworfen. Was es nicht immer leicht macht, das passende Outfit zu finden. Nicht nur Frauen, sondern auch viele Männer wollen natürlich gern das Neueste vom Neuen haben. Aber: Nicht jeder Trend passt zu jedem. Authentizität ist wichtig, das möchte ich immer wieder betonen, und man sollte sich nicht verkleiden wie zum Maskenball für Mumien. Das Outfit muss zu einem passen. Es muss einem selbst gefallen. Dann trägt man es gerne. Und das sehen andere auch. Und außerdem: Trends kommen immer wieder. Es gibt keinen, den es nicht schon einmal gegeben hat. Was heute noch out ist, kann morgen schon wieder in sein. Drittens: Es ist stressig, jedem Trend hinterherzujagen. Und enttäuschend, wenn er einem dann gar nicht steht und nicht gut ankommt.

Das Feedback. Ganz ehrlich, ich habe, wie gesagt, nicht den besten Geschmack, wenn es um Mode geht. Würde ich nur das anziehen, was ich will, würde ich manchmal ausschauen wie ein Paradiesvogel. Aber so kann man sich halt oft nicht blicken lassen. Zumindest nicht überall. Deshalb hole ich mir Feedback von meinen Freunden. Das ist ja auch das Schöne an einem Netzwerk. Am besten, man geht zusammen einkaufen. An einem Samstagnachmittag. Das macht Spaß, man trifft seine Freunde wieder, und die helfen einem auch noch dabei, das richtige Outfit zu finden. Passt der Pullover? Ist der Trend etwas für mich, oder steht mir das gar nicht? Ist die Hose zu eng oder das Kleid zu aufreizend? Passen die Schuhe zum Sakko oder die Tasche zum Mantel? Gute Freunde sagen ehrlich, was sie denken. Und wenn man fertig ist und alles beisammen hat, trinkt man noch in angeregter Unterhaltung einen guten Kaffee zusammen.

Von Freunden kann man sich auch inspirieren lassen. Ebenso von Schauspielern, Musikern oder Models. Überall im Internet findet man Fashion-Blogs von jungen Menschen, die zeigen, was momentan in ist. Dann pickt man sich von allem das heraus, was einem gefällt und passt. Und kreiert so einen ganz eigenen, persönlichen und unverkennbaren Stil. Das kann anfangs noch etwas gewöhnungsbedürftig ausschauen. Aber gerade in den kreativen Branchen darf man auffallen. In Österreich fällt zum Beispiel die Journalistin Andrea Buday immer wieder positiv auf, weil sie immer mit einer extravaganten Hutkreation auftritt. Aber auch hier gilt: Der Stil, den man sich zusammenschustert oder zumindest teilweise kopiert, muss zum Typ passen. Lieber die Freunde fragen, wenn man sich nicht sicher ist, bevor man irgendwelche Veranstaltungen besucht. Vorsicht ist besser als üble Nachrede.

Schicklicher Tipp am Rande: Nie Socken mit Löchern anziehen. Man weiß nie, ob man die Schuhe nicht einmal ausziehen muss. Gerade bei privaten Partys ist das gang und gäbe. Der ehemalige Weltbank-Präsident Paul Wolfowitz besuchte 2007 die berühmte Selimiye-Moschee in Edirne. Und als er die Schuhe auszog, schauten alle auf die Löcher in den Socken, aus denen seine großen Zehen herausschauten. Ziemlich peinlich.

Sich selbst treu bleiben. Wir leben heute in einer Zeit, in der jeder jung und hip sein möchte. Ältere Menschen wollen nicht als die Alten gelten. Konservative nicht als Spießer. Sie gehen in Clubs, besuchen angesagte Locations, lauschen dem DJ, nippen dabei an einem Glas Gin Tonic und unterhalten sich über Katy Perry oder Taylor Swift. Zeichen dieses Jugendkults findet man auch in der Politik. Jeder will die flotte Schiene fahren. Und jugendliche Dynamik kommt natürlich gut an. Aber man darf nicht schauspielern, darf sich nicht verstellen, sollte nicht über Dinge reden, von denen man keine Ahnung hat und sollte sich auch nicht hippe Outfits anziehen, wenn man sich darin unwohl fühlt. Egal, wie man sich gibt: Hat man einmal damit angefangen, muss man die Linie durchziehen. Man ist, wer man ist. Und das ist auch gut so.

DAS SELBSTBEWUSSTSEIN

Mit dem Selbstbewusstsein ist das so eine Sache. Hat man zu viel davon, wirkt man arrogant und eingebildet. Die meisten Menschen haben eher zu wenig. Nicht, dass die alle Mauerblümchen oder Graugesichter wären. Sie unterschätzen bloß sich und ihre Fähigkeiten. Nur wenige erwischen den goldenen Mittelweg und haben ein gesundes Selbstbewusstsein. Ihr Geheimnis: Sie wissen, wer sie sind.

Dass es darauf ankommt, war schon den alten Griechen klar. Am Apollontempel in Delphi stand einst: Gnothi seauton! Erkenne dich selbst! Und Immanuel Kant war der Ansicht, dass Selbstbewusstsein durch Beobachtung und Reflexion der Persönlichkeit entsteht. Anders gesagt: Man muss sich selbst kennenlernen, die eigenen Wünsche und Ziele definieren und sich mit allen Stärken und Schwächen akzeptieren. Denn ein gesundes Selbstbewusstsein wirkt gegen Unruhe, Lustlosigkeit, Schlaf- und Essstörungen, Stoffwechselleiden und Depressionen. Und es verleiht einem eine anziehende Ausstrahlung. Deshalb ist es wichtig, selbstbewusst aufzutreten. Und sich im Vorfeld kennenzulernen.

Gute Übung. Offen gesprochen habe ich das selbst nicht so gemacht, aber es ist eine mögliche Taktik: Man stellt sich vor einen Spiegel und tut so, als würde man sich nicht kennen. Als ob man sich selbst zum ersten mal trifft. Und dann unterhält man sich wie mit einem fremden Menschen. Als wäre es ein Vorstellungsgespräch. Man fragt, wie es einem geht. Was man so macht. Ob man das gerne macht. Welche positiven Eigenschaften, welche Stärken und Schwächen, welche Wünsche und Ziele man hat. Ehrlichkeit bringt einen weiter. Niemand ist perfekt. Und Ecken und Kanten machen einen interessanten Charakter aus. Daran sollte man immer denken. Wer sich selbst nicht objektiv wahrnehmen kann, der fragt Freunde, Familienmitglieder oder Kollegen, was sie an einem mögen. Und was nicht. Man holt sich also wieder einmal das Feedback eines Netzwerks. Das wird vermutlich eher positiv ausfallen, was einem Selbstvertrauen gibt. Vor allem, wenn man von verschiedenen Menschen immer wieder dasselbe hört. Auch wenn man ein ausgeprägtes Selbstbewusstsein hat, ist die Methode hilfreich. Denn sonst übersieht man manchmal die Schwachpunkte, die einem andere aufzeigen können.

Das Selbstbewusstsein kann man außerdem stärken, indem man Enttäuschungen vermeidet und sich realistische Ziele setzt. Selbst bei kleinen Erfolgen kann man sich einmal auf die Schulter klopfen, gut gemacht, mein Freund, Chapeau. Und wenn etwas nicht wie geplant funktioniert, ist das auch nicht schlimm. Nicht, wenn man dazu steht und daraus etwas für die Zukunft lernt. Viele Stolpersteine am Weg zum Erfolg kann man schon dadurch beseitigen, dass man sich nicht zu viel vornimmt. Und wenn man schon – wie jetzt – vorm Spiegel steht, um sich selbst kennenzulernen, kann man sich auch einmal ein Kompliment machen. So kann man offener auf andere Menschen zugehen. Weil die Ausstrahlung positiver ist. Solange man es nicht übertreibt. Solange man nicht eingebildet und arrogant wird. Wenn man das schafft, hat man nicht einfach nur eine positive Ausstrahlung. Sondern ein Leuchten, das von innen kommt.

Authentisch bleiben. Wenn man Gefühle stark empfindet und das auch anderen vermitteln kann. Wenn man trotz vieler Einflüsse so bleibt, wie man ist. Dann hat man Charisma. Wenn jemand anders ist als man selbst, aber so, wie man gerne wäre, dann empfindet man diesen Menschen als charismatisch. Das gewisse Etwas zu definieren, ist nicht so einfach. Charisma, sagen Zyniker, ist der feine Unterschied zwischen Ausstrahlung und Ausdünstung. In Wahrheit geht es darum, Menschen zu begeistern und in den Bann zu ziehen.

Charismatisch ist man nur, wenn man authentisch ist. Wer sich verkleidet und eine Rolle spielt, wirkt gekünstelt oder vielleicht sogar arrogant. Auf jeden Fall durchschaut das irgendjemand früher oder später. Es geht darum, ein selbstbestimmtes Leben zu führen. So zu handeln, wie es den eigenen Moralvorstellungen entspricht. Sich von Fehlern nicht unterkriegen zu lassen, sondern sie als Herausforderung zu sehen. Glaubwürdig, souverän und verlässlich zu sein. Und eine positive Einstellung zu haben. Dann festigt sich die Persönlichkeit, man geht offener auf andere zu, freut sich über ihre Erfolge und beneidet sie nicht. Man setzt sich für etwas ein, an das man glaubt, und lebt im Hier und Jetzt, hat aber trotzdem Visionen. Man gestaltet die Zukunft in der Gegenwart und stellt die Weichen. Man genießt das Leben und nimmt sich selbst nicht so ernst. Und wer könnte so einem Menschen schon irgendetwas abschlagen.

ÜBERSICHT:

Man hat eine positive Ausstrahlung, wenn man …

… weiß, wer man ist.

… seine Stärken kennt und seine Schwächen akzeptiert.

… aus Fehlern lernt und Rückschläge als Herausforderung sieht.

… im Hier und Jetzt lebt.

… sich selbst treu bleibt, Kritik annimmt, sich von Meinungen anderer nicht verunsichern lässt.

… keine Vorurteile hat und offen auf Menschen zugeht.

… verantwortungsvoll ist.

… seine Träume verwirklicht.

… selbstbewusst und nicht arrogant ist.

… das Leben auch genießen kann.

DAS ALLGEMEINWISSEN

Bevor man auf eine Veranstaltung geht, kann es nicht schaden, wenn man sich Wissen aneignet. Kein spezielles, sondern allgemeines. Dazu muss man keine Lexika wälzen, oft genügt es, wenn man die Zeitung liest. In den Gesprächen geht es nicht selten um Innen- und Außenpolitik, um die Wirtschaft, um Klatsch und um Tratsch oder um Sport. Im Dialog sollte man schon wissen, wie die Minister heißen, was auf der Welt gerade passiert, wo die Krisenherde sind, warum es sie überhaupt gibt, welcher Film gerade alle Kinobesucher begeistert, welches Buch die Bestsellerliste anführt oder wer die Abfahrt in Kitzbühel gewonnen hat. Alles kann man natürlich nicht wissen. Muss man aber auch nicht.

Meine Schwachstelle ist der Sport. Und es ist schon unangenehm, wenn sich das Gespräch in diese Richtung entwickelt. Wenn ich nichts zum Champions League-Finale oder zur Alpinen Skiweltmeisterschaft sagen kann. Peinlich ist es nicht unbedingt, wenn man solche Dinge nicht weiß. Nicht, wenn man Mut zur Lücke beweist, interessiert nachfragt oder das Thema elegant umschifft. Man blamiert sich schon, wenn man zum Beispiel die Zauberflöte nicht kennt. Oder Faust für einen deutschen Boxer hält. Oder wenn man nicht weiß, wer gerade Vizekanzler ist. Mit solchen Dingen sollte man sich ungefragt beschäftigen. Und manchmal muss man sich auch über etwas informieren, das einen nicht so interessiert. Ich schau dann eben, was sich so in der Sportwelt tut. Oder ersuche einen Freund, mich über die Top-Themen aufzuklären.

Und es ist auch nicht schlecht, wenn man weiß, wer Dancing Stars gewonnen hat oder was sich im Dschungelcamp tut. Weil das wiederum kann den Einstieg in ein Gespräch erleichtern oder es zwischendurch auflockern. Mein Vater, ein Universitätsprofessor, hat das öfter in seinen Vorlesungen zur großen Erheiterung seiner Studenten so gemacht. Bei Gelegenheit kann man zum Beispiel mit einem gedachten Augenzwinkern so etwas sagen wie: »Puh, jetzt sind wir hier eingesperrt wie im

Dschungelcamp. Holt uns hier raus!« Der Boulevard bietet zahlreiche Möglichkeiten für Anspielungen, die Situationen entkrampfen können. Man muss sie nur überlegt anbringen.

Wenn man jetzt glaubt, dass man schon so viel weiß, dass niemand einem so schnell etwas vormachen kann, dann sollte man sich nicht überschätzen. Natürlich, man kennt die Zauberflöte. Papageno, Tamino, die Königin der Nacht und so weiter. Mozart hat die Oper geschrieben, klar. Aber wo die Uraufführung war, und wer das Libretto geschrieben hat, das weiß man vielleicht nicht. Das ist kein Beinbruch. Aber wer mehr weiß, kann Extrapunkte sammeln. Deshalb: Immer Hintergrundinformationen einholen, stets am Laufenden bleiben, ständig Wissen aneignen. Und wen es interessiert: 1791 im Freihaustheater in Wien. Und das Libretto stammt von Emanuel Schikaneder.

Wissensquellen erschließen. Wer informiert sein will, kann morgens zum Kaffee die Zeitung lesen. Oder sich die Nachrichten anschauen. Oder durchs Internet surfen. Aber wofür man sich auch entscheidet, oder wenn man sich gar nicht entscheidet und sich überall informiert, kann man auf Wissensquellen stoßen, die wenig Wissen vermitteln. Oder denen man nicht vertrauen kann. Die Zeit im Bild und news.orf.at geben einen guten und kompakten Überblick über das aktuelle Geschehen. Die Tageszeitungen sind natürlich im Internet vertreten. Auf einen Blick kann man die wichtigsten Meldungen überfliegen. Auch in den sozialen Netzwerken erfährt man einiges. Auf Facebook zum Beispiel, wenn man nur einmal kurz über seine aktuelle Timeline scrollt. Und wenn man bei Zeitungen, Magazinen, Fernsehsendern, Nachrichtenformaten oder wichtigen Persönlichkeiten auf *Gefällt mir* klickt und ihnen folgt. Dann sieht man auf der Startseite die wichtigsten und aktuellsten Meldungen und ist immer auf dem Letztstand. Und natürlich gibt es noch Netzwerke in sozialen Netzwerken. Gruppen, in denen sich Menschen mit denselben Interessen austauschen. Ob Bücherbörsen, Fahrgemeinschaften, Kleinunternehmen, Jobbörsen oder Immobilien. Für alles gibt es eine Gruppe, der man beitreten kann. Hier findet man nicht nur Anschluss zu Gleichgesinnten. Man erfährt auch alle relevanten Neuigkeiten.

Bodenhaftung bewahren. Wissen sollte man auch Alltägliches. Eugen Freund, der SPÖ-Spitzenkandidat für die EU-Wahl 2014, hat das Durchschnittsgehalt eines österreichischen Arbeiters auf 3.000 Euro brutto geschätzt und sich damit ziemlich blamiert. Immerhin sind es ganze 1.000 Euro weniger. Übrig bleibt: Wer keine Ahnung von der Wirklichkeit hat, wirkt abgehoben und unsympathisch. Und das gilt nicht nur für Politiker. Manch einer weiß zum Beispiel gar nicht, wie viel ein Liter Milch kostet. Nicht einmal ungefähr. Oder eine Tasse Kaffee. Ein Laib Brot. Eine Flasche Rotwein im Supermarkt. Oder im Restaurant. Ein Wiener Schnitzel. Oder eine Pizza. Das sind aber Dinge, die man wissen sollte. Die man sich einprägen muss, als würde man bei *Der Preis ist heiß* mitmachen.

Über die Personen informieren. Ich war einmal mit zwei Kollegen nach dem Filmball im Wiener Café Schwarzenberg frühstücken. Mit dem Schauspieler Kevin Spacey. Damals habe ich mir gewünscht, ich hätte mich vorher besser über ihn informiert. Klar, man kennt Kevin Spacey aus zahlreichen Filmen und aus *House of Cards*. Und natürlich kann man mit einem Hollywood-Star lange über seine Arbeit plaudern. Aber es gibt bessere Gesprächsthemen, die man erst kennt, wenn man etwas über die Person weiß. Wenn man seine Hobbys und Interessen kennt. Wir haben Mister Spacey dann ein paar allgemeine Fragen gestellt, und er hat von sich erzählt. Das hat schon gepasst. Aber hätte ich mich vorab besser informiert, wäre das Gespräch lebendiger gewesen, und ich hätte vielleicht einen bleibenderen Eindruck hinterlassen. Quasi soziale Nachhaltigkeit.

Was ich damit sagen möchte: Wenn man zu einer Veranstaltung geht und weiß, wer sie organisiert. Oder wenn man eine Ahnung hat, welche Gäste dort auftauchen werden. Dann schadet es nicht, wenn man Informationen zu den Menschen gespeichert hat, die man bei Gelegenheit abrufen kann. Man sollte wissen, wer dieser Rechtsanwalt ist, der das Event organisiert hat. Oder welche Bücher der Autor, der eine Lesung hält, sonst noch geschrieben hat. Oder an welche Organisation die Gelder bei einer Benefizgala gehen. Oder in welchem Film die Schauspielerin, die ja Stargast der Veranstaltung ist, gerade zu sehen ist. Wer solche Dinge weiß, kann nicht nur Extrapunkte sammeln, sondern auch einigen Fettnäpfchen ausweichen. Zu einem Finanzspezialisten sagt man nicht, dass man sein Geld lieber unter der Matratze versteckt, weil Banker allesamt Verbrecher sind. Man unterhält sich nicht mit einer frisch verheirateten Frau über die wachsende Scheidungsrate. Man beschwert sich nicht beim Veranstalter, dass die Party aber sowas von fad ist.

Ein wenig Recherche ist also schon hilfreich. Auch hier gilt: Man kann nicht alles wissen. Man muss nicht angestrebt zu jedem Netzwerk-Termin gehen. Schon gar nicht sollte man irgendwelche Informationen herunterleiern, als würde einem jemand alle Fakten über einen Empfänger im Ohr einsagen. Man muss ein Gespür dafür entwickeln, wann man was sagt. Wann was angebracht ist. Und wann man lieber nichts sagt. Man muss locker bleiben und darf mit seinem Wissen nicht angeben. Auch das ist lästig: die Besserwisser, die Oberg'scheiten. Man eignet es sich an, damit man leichter einen Einstieg in ein Gespräch findet, es auflockert oder personalisiert. Dazu reicht es meistens, wenn man kurz vor der Veranstaltung einen Wikipedia-Eintrag auf dem Smartphone durchliest oder die wichtigsten Namen durch eine Suchmaschine jagt. Das kann man sogar direkt am Event machen. Natürlich nur, wenn es sein muss. Und möglichst unauffällig, vielleicht am WC oder in einer ruhigen Ecke.

Die Antworten kann man gut vorbereiten. Und sollte es doch einmal passieren, dass man nicht weiß, was man sagen soll, steht man am besten dazu und sagt so etwas wie: »Puh, da kann ich jetzt gar nichts dazu sagen. Ich weiß, es ist peinlich, aber da bin ich nicht am aktuellsten Stand.« Wer versucht, sich herauszureden, bewirkt genau das Gegenteil. Beweist man aber Mut und gibt man zu, etwas nicht zu wissen oder etwas Falsches gesagt zu haben, zeigt man Selbstbewusstsein. Dann kann man auch über sich selbst lachen. Sogar, wenn man in ein Fettnäpfchen tritt. Wer ist schon perfekt? Das Internet ist voll von peinlichen Promi-Zitaten. Ihr König war George W. Bush. »Ich hatte keine Gelegenheit, den Fragenden die Frage zu stellen, die sie fragten.« Oder: »Ich denke, wir sind uns einig darüber, dass die Vergangenheit vorbei ist.« Und sein bester: »Ich glaube, Krieg ist ein gefährlicher Ort.«

DIE BUZZWORDS

Social Media. Disruptive Innovation. Mobile Marketing. Near Field Communication. Big Data. Responsive Design. Semantic Web. Augmented Reality. Startup Spirit. Artificial Intelligence. Internet of Things. Das sind sogenannte Buzzwords. Wörter, die herumschwirren. Vor allem in der Innovationswelt sind es die aktuellen Trend- und Fachbegriffe. Aber solche Buzzwords gibt es in fast jeder Branche. Das fängt schon bei den Berufsbezeichnungen selbst an. Der Bankkaufmann heißt heute Bank Business Management Assistant. Es gibt keine Personalleiter mehr, sondern nur noch Human Resources Manager. Und Hausmeister heißen jetzt Facility Manager. Klingt natürlich nicht schlecht, wenn man sagen kann, dass man irgendein Manager ist. Deshalb wird die Verwendung von Buzzwords auch oft kritisch gesehen, wenn die Nutzung inflationär wird oder Dinge schön geredet werden.

In meiner Kommunikationsagentur haben wir oft, auch mit viel Humor, über die Buzzwords diskutiert. Weil ich sie natürlich aufgreife. Weil die Leute auch die aktuellen Wordings wollen, zum Beispiel als Veranstaltungstitel. Und meine Leute haben gescherzt: „Ja, bei Dir muss man die Buzzwords lernen wie Vokabel." Bei Buzzwords muss man aber schon auch kritische Distanz bewahren, weil eben oft über sie hergefallen wird, oder weil sie nach kurzer Zeit niemanden mehr interessieren. Was anderes sind die echten Fachtermini, die sollte man schon kennen. Und man lernt sie über das Internet, Fachzeitschriften, Konferenzen oder das persönliche Gespräch.

DER COCKTAILSATZ

»Und, was machen Sie so?«

»Ähm, na ja, dieses und jenes. Total viel Projekte. Dreihundertsechzig-Grad-Denke. Verstehen Sie? Wir machen eigentlich alles, was der Kunde von uns will. Aber das ist nur ein Teil des Großen und Ganzen. Da gibt es noch viele andere Dinge, die wir so tun. Verstehen Sie? Das kann ich Ihnen jetzt so auf die Schnelle gar nicht genau erklären. Da bräuchte ich wahrscheinlich eine Stunde dafür. Aber wenn Sie irgendwann einmal was brauchen, würde ich mich freuen, wenn Sie an mich denken.«

Das versteht niemand. Die meisten Zuhörer steigen schon nach dem „Ähm" aus. Wenn man erklären soll, was man tut, dann muss man das kurz, prägnant und für alle verständlich tun. Man muss schnell auf den Punkt bringen, was man macht. Heutzutage hat niemand viel Zeit. Und schon gar keine zu verschenken. Da darf man nicht irgendetwas daherstottern oder faseln. Da darf man nicht weit ausholen. Da braucht man, wie ich es nenne – einen Cocktailsatz.

Das ist der Satz, den man zuhause vorbereiten und dann auf einer Veranstaltung bei einem Cocktail anbringen kann. Und der erklärt, was man tut. Ein Satz, knackig und klar:

Ich bin Eigentümer eines Unternehmens, das sich mit Werbung und Kommunikation beschäftigt.

Oder noch kürzer: Ich bin Kommunikationsunternehmer.

Was machst du so beruflich?

Verrate mir deinen Cocktailsatz.

Überlege ihn dir gut.

Sag ihn dir vor.

Noch einmal.

Und nochmal.

Der Cocktailsatz ist DAS Entree. Man darf das nicht unterschätzen. Natürlich weiß man, was man macht. Aber es so zu erklären, dass es jeder versteht, und zwar in kurzer Zeit, das ist nicht so einfach, wie man vielleicht glaubt. Also übt man es. Man feilt so lange an diesem einen Satz, bis er kurz, prägnant und aussagekräftig ist.

Ich bin Grafikdesigner für Homepages.

Ich entwickle Marketingstrategien für Konzerne.

Ich berate Menschen, wie sie erfolgreicher werden.

Ich habe eine Firma für Arbeitsvermittlungen.

Ich bin Buchautor.

Ich verkaufe exquisite Möbel.

Ich organisiere Veranstaltungen für kulturell interessierte Menschen.

Ich baue Unternehmen auf: jetzt einmal meines. Wir programmieren.

Ich bin Lifestyle-Coach.

Ich begleite Menschen auf ihrem letzten Weg.

Ich habe eine kleine Tanzschule.

Ich beschäftige mich mit Innenarchitektur, hauptsächlich Beleuchtung.

Man muss sich sofort auskennen. Und die Möglichkeit haben weiterzufragen, in die Tiefe zugehen. Dafür ist der Cocktailsatz da. Und sobald sich die Gelegenheit ergibt, bringt man ihn an. Meistens ist das, wenn man sich jemandem vorstellt. Oder wenn jemand vorgestellt wird. Dann kommt der Cocktailsatz zum Einsatz. Noch ein Extratipp: Wenn man sich vorstellt, sollte man nicht nur den Namen sagen. Besser ist es, wenn man »Mein Name ist« hinzufügt oder »Ich heiße«. Dann weiß der Zuhörer nämlich, dass gleich eine wichtige Information folgt. Sein Gehirn bereitet sich darauf vor, die Ohren sind gespitzt, und der Name bleibt eher im Gedächtnis. Das Ganze hört sich dann so an:

»Guten Tag, mein Name ist Christina Huber, ich habe ein IT-Unternehmen, und wir machen Homepages nach Maß, vom Design bis zu den Texten.«

Das versteht jeder. Kurz, prägnant, aussagekräftig. Ist der Zuhörer interessiert, will er mehr wissen und fragt nach. Ein Gespräch entwickelt sich, und man kann genau erklären, was man tut, und alles anbringen, was man will. Aber der erste Satz, muss den Zuhörer neugierig machen. Wie der erste Satz in einer Geschichte.

Der Cocktailsatz muss sitzen.

DIE ELEVATOR SPEECH

»Ich arbeite da gerade an etwas, das wird Sie interessieren. Das ist so ein … Sie wissen schon … so ein Ding. Das ist nicht so leicht zu erklären. Aber absolut genial. Damit füllen wir eine Lücke. Und Sie wären genau der Richtige, um uns da weiterzuhelfen. Mit Ihrer Kompetenz und Ihrem Wissen wird das so richtig einschlagen. Wären Sie interessiert?«

»Nein.«

Weil man sich so einfach nicht präsentiert. Weil das niemand kapiert. Weil sich das keiner anhören wird. Aber wie schon den Cocktailsatz, kann man auch die Elevator Speech, auch Elevator Pitch genannt, vorbereiten. Das ist eine Art Verkaufspräsentation. Sie ist so kurz, dass man sie während einer Liftfahrt halten kann. Schließlich geht es in einem Netzwerk oft darum, etwas zu verkaufen. Ein Produkt, eine Dienstleistung, eine Idee. Und trifft man jemanden, der einem weiterhelfen kann, sollte man ihn möglichst nicht langweilen. Also hält man eine vorbereitete Elevator Speech. Die baut man idealerweise in ein Gespräch ein. Man kann aber auch einfach zu jemandem hingehen, den Cocktailsatz anbringen und dann sagen:

»Entschuldigen Sie bitte, hätten Sie zwei Minuten Zeit für mich? Ich würde Ihnen gerne meine Idee präsentieren.«

Da hört man schon zu. Und je kürzer die Elevator Speech ist, desto besser. Zwei Minuten sind schon fast zu lange. Das Wichtigste kann man auch in 30 Sekunden auf den Punkt bringen.

Während
einer
Liftfahrt.

Das Ganze funktioniert ähnlich wie der Cocktailsatz. Man muss sich auf das Wesentliche konzentrieren und es verständlich erklären. Nicht übertreiben mit Fachbegriffen. Man muss Spannung aufbauen und kann auch Metaphern verwenden und Vergleiche ziehen. Wichtig ist vor allem, dass man Begeisterung zeigt und dem Zuhörer klar macht, warum das, was man verkaufen möchte, so einzigartig ist. Wodurch es sich von ähnlichen Ideen der Konkurrenz abhebt. Warum das Gegenüber unbedingt Zeit, Arbeit oder Geld investieren sollte. Und was es davon hat. Trotz des Zeitdrucks darf man nicht zu schnell reden. All das geht natürlich nicht aus dem Stehgreif. Das muss man üben. Immer wieder. Mit Freunden und Kollegen. Sie geben einem Feedback, analysieren die Präsentation, nehmen jedes Wort unter die Lupe. Man kann verschiedene Versionen ausprobieren und sich dann für die beste entscheiden. Außerdem kann man Antworten auf mögliche Fragen vorbereiten. Hat man alles intus, kann man die Elevator Speech bei der richtigen Gelegenheit sicher und selbstbewusst vortragen, einen bleibenden Eindruck hinterlassen und möglicherweise einen neuen Geschäftspartner finden. Und nicht vergessen, dem dann auch eine Visitenkarte oder eine Project Card zu geben. Vielleicht mit den Worten: »Bitte schön, ich darf Ihnen das noch mitgeben, ich freue mich auf ein Wiedersehen.«

Genau dort kann man später wieder anknüpfen.

Während
einer
anderen
Liftfahrt.

Oder bei der nächsten Ausstellung. Gerade am Anfang der Netzwerk-Karriere ist das entscheidend. Denn der erste Eindruck zählt. Je mehr Veranstaltungen man besucht, je mehr Gespräche man führt, desto eher weiß man, worauf es ankommt. Und desto weniger muss man sich vorbereiten. Später reicht ein erfreutes »Hallo!«, und man reicht seinem Gegenüber die Hand. »Schön, Sie wieder zu sehen. Wie geht's?«

DIE ANFORDERUNGEN

Hat man sich dafür entschieden, irgendwo beizutreten, muss man oft einige Anforderungen erfüllen, um aufgenommen zu werden. Welche Bedingungen das sind, hängt vom jeweiligen Netzwerk ab. In einem beruflichen ist es wichtig, dass man in derselben Branche arbeitet. Oder zumindest einen Job hat, der zur Branche passt. So kommt man in ein Journalisten-Netzwerk etwa auch als Pressefotograf. Manchmal ist es entscheidend, wie alt man ist, wie viel man verdient, oder welche Position man hat. Also ob man eine Managerin oder ein Angestellter ist. Es gibt Netzwerke, denen nur Männer beitreten dürfen. Solche, die nur Frauen aufnehmen. Und andere, die nur für Prominente zugänglich sind. Für manche muss man empfohlen werden, für manche muss man etwas Besonderes geleistet haben. Welche Anforderungen welche Netzwerke haben, erfährt man über das Internet oder persönliche Informationen. Oder man ruft an und fragt nach. In jedem Netzwerk muss man loyal sein, muss sich und seine Talente einbringen, muss etwas investieren, muss sich engagieren und sich – zumindest nach außen – anständig benehmen.

Geschafft hat man es, wenn man von jemandem gebeten wird, dem Netzwerk beizutreten. Das ist eine besondere Ehre. Trotzdem sollte man sich überlegen, ob man in das entsprechende Netzwerk möchte. Ob es zu einem passt. Gerade, wenn man eingeladen wird, kann es sein, dass die anderen mehr von einem möchten, als man selber geben kann und will.

Man sollte sich also genau über das Netzwerk informieren. Es ist freilich nicht Usus, dass man eine Nachricht bekommt, in der steht: »Wir würden uns freuen, wenn Sie sich dazu entschließen, ein Mitglied unseres Clubs zu werden.« So einfach ist es selten. Trotzdem kann man sich für Netzwerke interessant machen. Zum Beispiel, wenn man Artikel in Fachzeitschriften oder sogar eigene Bücher veröffentlicht. Wenn man visionäre Ideen oder Organisationstalente hat. Wenn man bereit ist, Verantwortung zu übernehmen. Wenn man eine spannende Freizeitbeschäftigung hat. Oder wenn man anders ist als der Durchschnitt.

Was gefragt ist, hängt wieder vom jeweiligen Netzwerk ab. Auf eine Bewerbung bereitet man sich dementsprechend vor und überlegt, was einen ausmacht, welche Fähigkeiten und Talente man hat, was man bereit ist, zu tun, und warum man gut ins Netzwerk passen würde. Wichtig auch hier: Man muss authentisch bleiben und darf sich nicht verstellen. Das sollte an dieser Stelle kein Problem mehr sein. Schließlich hat man das Netzwerk nach den eigenen Interessen und Zielen ausgesucht. Es kann losgehen. Jetzt gleich. Präsenz zeigen. Du bist da. Du bist im Netzwerk.

AKTIV NETZWERKEN

Man ist jetzt gut vorbereitet und kann loslegen. Energie freisetzen. Die Welt wartet auf dich, ja genau. Egal, wo man netzwerkt – ob bei einer Abendveranstaltung, beim Afterwork-Club, bei einem Galadinner oder im Fitnessstudio –, man kann immer verdammt viel falsch machen. Ich weiß das. Ich habe alle Fehler schon einmal gemacht. Und so manche mache ich auch heute noch. Dann schelten mich auch die Leute.

Ich weiß zum Beispiel, dass ich manchmal nicht der beste Zuhörer bin. Oder dass ich hin und wieder jemandem während eines Gesprächs nicht in die Augen schaue. Oder dass ich, was aber viele eh lustig finden, Leute einander vorstelle und dann wieder verschwinde. Ist mir eh unangenehm, soll aber leider immer wieder vorkommen.

Man wirft mir auch vor, dass ich mich manchmal mit einer Person angeregt unterhalte, dabei einer anderen die Hand schüttle und dann auch noch einer dritten zuwinke. Aber das hat schon John F. Fitzgerald, der Großvater von John F. Kennedy so gemacht, „Meister des fliegenden irischen Wechsels" nannte man das in Boston. Natürlich ist es besser, ruhig und besonnen zu bleiben. Und ich kann auch jedem nur raten, ganz bewusst das zu tun, was man eben gerade macht. Aber das ist halt so eine Macke von mir. Und manchmal ist man eben einfach auch ein Getriebener.

Der Spruch „Mit einem Hintern auf mehreren Kirtagen tanzen" ist altbekannt, und man kann und soll auch nicht bei jeder Veranstaltung dabei sein. Aber man gewinnt schon mit Präsenz und Dichte.

Trotzdem: Zuhören. Fragen. Sagen. Gewinnen. Selbst wenn man weiß, wie's geht, ist es nicht immer leicht anzuwenden. In der Theorie sind wir alle Kaiser. In der Praxis scheitert man vor allem an sich selbst. Macht aber nichts. Kann passieren. Lernen und weitermachen. Aufstehen und weitermachen. Entschuldigen und weitermachen. Wer aufgibt, ist aus dem Rennen.

PERSÖNLICHE HOPPALAS

Was immer und jedem passieren kann – und natürlich auch mir schon passiert ist: Namen vergessen. Oder Menschen nicht erkennen. Ein Hoch auf die Namenskarten und -schilder. Da kann man kurz und unauffällig draufschauen. Herr ... ah ja! Selbst, wenn man genauer hinsieht, kratzt das kaum jemanden. Schilder machen neugierig. Der Kontrollblick ist demnach legitim. Wo es vom Setting her passt, kümmere ich mich bei meinen Events immer um Namensschilder. Und bei einem gesetzten Dinner gerne penibel um die Sitzordnung. Den Gästen ist es eh recht wenn es ein bisschen System hat. Das erhöht vor allem die Kommunikation und Interaktion. Aber auf vielen Veranstaltungen gibt es keine Namenskarten. Leider. Und natürlich kommt es auch vor, dass sich jemand nicht an mich erinnert. Dann tue ich, was ich mir auch wünschen würde: Ich helfe dem Gegenüber. Und zwar gehe ich auf den Namensuchenden zu und stelle mich einer mir unbekannten Person vor, die neben ihm steht. »Guten Abend, mein Name ist Josef Mantl.«

So bringe ich den Ahnungslosen nicht in Verlegenheit, er weiß wieder, wer ich bin, und ich lerne wieder einmal jemanden kennen. Das funktioniert super. Fällt einem selbst ein Name nicht ein, kann man natürlich warten und hoffen, dass er sich gleich jemandem vorstellt. Man kann natürlich auch hingehen und fragen: »Sag einmal, zu mir sagen immer alle Seppi, wie sagen sie denn zu dir?« Blöd nur, wenn die Antwort dann ist: »Ja eh Heinz.« Da haben mich auch schon ein paar aufgeklatscht und gemeint: »Weißt nicht, wer ich bin, oder?« Das Manöver kann schon nach hinten losgehen. Dann hilft nur eins: gestehen und darüber lachen. Am besten ist es, wenn man ehrlich ist. »Entschuldigen Sie, ich weiß, wir kennen uns, aber mir fällt Ihr Name gerade nicht ein.« Dafür haben eigentlich alle Verständnis.

Und natürlich kann es immer passieren, dass man jemanden nicht kennt, der vielleicht aktuell nicht mehr so in der Öffentlichkeit steht, aber früher Großes geleistet hat. Ist mir passiert. Wolfgang Schüssel hat mir Wolfgang Schmitz vorgestellt. Und ich habe ihn gefragt: »Und, was haben Sie so gemacht?« Und er: „Ach, ich war Finanzminister und Nationalbankpräsident". Das war schon peinlich. Aber zu meiner Verteidigung: Finanzminister war der mittlerweile verstorbene Wolfgang Schmitz von 1964 bis 1968. Und Nationalbankpräsident von 1968 bis 1973. Es war also schon ein paar Jahre her. Aber man erkennt oft auch Personen nicht, die aktuell in der Öffentlichkeit stehen. Ist mir ebenfalls leider schon passiert. Mehrmals.

Einmal war ich vor dem Life Ball bei einem Empfang im Garten der Hofburg. Ich stand da mit Franca Sozzani von der italienischen *Vogue*, mit dem italienischen Modeschöpfer Roberto Cavalli und meinem lieben Freund US-State-Senator Marc R. Pacheco. Und wir unterhalten uns über Nachhaltigkeit und Green Fashion, als eine Dame hereinkommt und ich sage: »Senator, may I introduce you, this is the wife of our president,

Margit Fischer.« Und die schaut mich fassungslos an und meint: »No, I am not the wife of the Austrian president, I am the president of the parliament, Barbara Prammer.« Das ist so eine Situation, in der man sich wünscht, dass sich der Boden auftut und einen verschluckt. Aber Barbara Prammer hat es mir verziehen, und ihr plötzlicher Tod hat mir sehr leid getan, sie war ein wichtiger Motor für eine progressive Gesellschaft.

Auch bei einem anderen Promi ist mir ein Fauxpas passiert. »Hallo, Sie sind ja André Heller, Sie sind mit meinem Vater in die Schule gegangen.« Die Antwort kam nicht von Herrn Heller. »Nein, bin ich nicht, ich bin Adi Hirschal.« Ja, das kann schon einmal passieren. Mir ist es gleich zweimal passiert. Zweimal dachte ich, Adi Hirschal sei André Heller. In solchen Momenten ist es am besten, wenn man zu seinem Fehler steht und sich entschuldigt. Oder darüber lacht. Solange man nicht der einzige ist, ist alles okay. Und als ich Adi Hirschal letztens zufällig bei einem event begegnet bin, da hat er geschmunzelt und seawas gesagt. Und inzwischen sind wir überhaupt freundlich in laufendem Kontakt. Manche Dinge lösen sich einfach so in Wohlgefallen auf.

Man kann nicht allen Fettnäpfchen aus dem Weg gehen. Man kann sich nicht auf jede Situation vorbereiten. Man kann nicht immer souverän agieren und reagieren. Es geht einfach nicht. Aber man kann zumindest viele Peinlichkeiten verhindern, einen guten Eindruck hinterlassen und so sein Netzwerk auf- und ausbauen. Wenn man weiß, wie man sich angemessen verhält, wie man mit Leuten ins Gespräch kommt, was man dann sagt, was man lieber für sich behält und was die Körpersprache verrät. Zuerst muss man es überhaupt einmal zu einer Veranstaltung schaffen.

EVENTS FINDEN UND BESUCHEN

Es gibt viele Festivitäten, auf denen man netzwerken kann. Manche sind schwer auszumachen, andere für jeden frei zugänglich. Man kann zum Beispiel zu so einer Art Geschäfts-Speed-Dating gehen. Das hab ich auch einmal gemacht. Und ganz ehrlich, das war nicht so meins. Trotzdem, ein ungeschriebenes Gesetz des Netzwerkens sagt: Wenn man überhaupt nicht damit rechnet, dass irgendetwas Gutes passiert, passiert es. Man weiß nie, wo man wen kennenlernt. Und was sich daraus ergibt. Trotzdem haben diese Empfehlungsmarketing-Events etwas Skurriles an sich. Da sitzt man bei einem Frühstück und unterhält sich zehn Minuten lang mit irgendjemandem. Hallo, und was machen Sie so? Ach, das klingt ja großartig. Da ist leider ein Zwang dahinter. Ich mag Gespräche lieber, die sich natürlich ergeben. Das ist sympathischer, authentischer.

Einmal, beim Opernball, da wollte ich eigentlich gar nicht hin, aber meine Cousine überredete mich dann ganz spontan ein paar Stunden davor. Dort durfte ich dann zufällig UNO-Generalsekretär Ban Ki-Moon treffen, für mich als ehemaliger Vizepräsident der Hochschulliga für die Vereinten Nationen natürlich eine besondere Ehre und Freude.

Und natürlich all die Begegnungen mit den Clintons, Hillary auf ihren Wahlkampfveranstaltungen in New Hampshire, Boston und New York etc., und Bill auf dem Life Ball oder Events der Democrats in den USA, gemeinsam mit US State Senator Marc R. Pacheco. Ein besonderes Highlight die legendäre Democratic National Convention in Philadelphia mit Hillary´s Nominierung als erste Frau zur Präsidentschaftskandidatin in der Geschichte der USA. Man kann nichts erzwingen, aber positive Erlebnisse ergeben sich im Flow und wenn man zur Extrameile bereit ist.

Interessante Menschen lernt man überall kennen, zum Beispiel auf Kongressen und bei Vorträgen, bei Lesungen und Vernissagen, bei Partys und Podiumsdiskussionen, bei Geschäftsessen oder bei Sportevents, im Fitnessstudio oder in sozialen Netzwerken. Oder auch zufällig beim Einkaufen, beim Joggen oder an den Hotspots. Das sind bestimmte Restaurants, Bars und Clubs.

In der Vorbereitung hat man schon einmal überlegt, welche Freunde, Familienmitglieder und Bekannte in einem Netzwerk sind, in das man auch selbst vordringen möchte. Über sie kommt man auch zu den Veranstaltungen. Ein anderer Weg zu den Events führt über die Social Media-Plattformen. Ob Xing oder Facebook. Wer hier aktiv ist, wird automatisch zu Veranstaltungen eingeladen. Deshalb ist es wichtig, zum Beispiel auf Facebook, die richtigen Seiten mit *Gefällt mir* zu markieren. Angenommen, man will Autor werden. Dann folgt man allen Verlagen, die einem einfallen. Will man als Musiker durchstarten, folgt man verschiedenen Bands, Vertrieben und Plattenlabels. Unter Veranstaltungen werden einem dann alle relevanten Events angezeigt. Alle, zu denen man eingeladen ist. Alle, zu denen Freunde gehen. Und auch alle beliebten Events in der Nähe. Ziemlich praktisch. Im Netz hat jeder ein Leiberl.

Trotzdem wird man in den Social Media-Plattformen kaum alle relevanten Veranstaltungen finden. Deshalb schadet es nicht, Radio zu hören, fernzusehen, die Zeitungen durchzublättern und durchs Internet zu surfen. Manche Events werden angekündigt, für viele gibt es eine Nachberichterstattung. Und die kann auch nützlich sein, wenn es eine mehrtägige Veranstaltung ist. Oder eine, die sich wöchentlich, monatlich oder auch jährlich wiederholt. Dann nimmt man den Kalender zur Hand und trägt sich den Termin gleich ein.

Geht man mit offenen Augen durch die Welt, wird man immer wieder überrascht sein, was sich so alles ergibt. Wer positiv denkt und die besagte Extrameile geht, wird vom Schicksal belohnt. Will man spontan zu einem Event, für das man keine Einladung hat, jedoch braucht, kann man recherchieren, wer der Veranstalter ist und ihm dann eine E-Mail schreiben. Mich fragen auch manchmal Fremde um Zugang zu Events, entweder zu meinen eigenen oder anderen. Wenn es passt, kann man gerne einladen oder helfen.

Wenn mir jemand schreibt: »Ich habe gehört, dass heute diese Veranstaltung stattfindet und habe leider keine Karte dafür bekommen. Aber ich würde sie wirklich sehr gerne besuchen. Gibt es da eine Möglichkeit?« Dann finde ich das gut und sorge schon einmal dafür, dass derjenige auf die Gästeliste kommt. Mut wird belohnt. Und da hat man auch einen Vorteil, wenn man schon in einem Netzwerk ist und sagen kann: »Guten Tag, mein Name ist Markus Mittermeier, ich bin vom Club XY und hätte bitte gerne eine Einladung für Ihre Veranstaltung. Gibt es da eine Möglichkeit?« Die Primärplattform kann dafür sorgen, dass man leichter in andere Netzwerke und auch zu exklusiven Events kommt. Bei manchen Veranstaltern kann man sich außerdem für einen Newsletter anmelden. Oder man ruft an und bittet darum, dass sie einen in ihren Verteiler aufnehmen.

Und für viele Events kann man einfach Tickets kaufen. Hat man einmal den Fuß in der Tür, muss man die Chance natürlich nutzen. Dann muss man versuchen, Anschluss zu finden und Leute kennenzulernen, mit denen man sich wieder verabredet. Das braucht seine Zeit. Bei mir hat es auch lange gedauert, bis mich die Leute gekannt und eingeladen haben. So ein Netzwerk entsteht nicht über Nacht, nicht in einem Monat. Oft braucht es Jahre. Da hilft es, wenn man ein paar Tipps beherzigt und weiß, wie man sich richtig verhält. Gesittet, weltgewandt, beredt und umgeben vom Flair des gehobenen Understatements.

VERHALTEN UND BENEHMEN

Schlechtes Benehmen ist nicht immer offensichtlich. Manchmal sind es Kleinigkeiten, die den Eindruck erwecken, jemand sei unter Hooligans aufgewachsen. Das kann man sich heutzutage kaum noch leisten. Benehmen liegt im Trend. Wahrscheinlich war das nie anders. Aber das Internet hat es möglich gemacht, dass sich jeder informieren kann. Dass Benimmkurse meist ausgebucht sind. Und dass man Knigge-Newsletter abonnieren und sich so ständig neue Tipps holen kann. Man weiß, was sich gehört. Und was nicht. Trotzdem: Man kann nicht immer alles perfekt und schon gar nicht jedem recht machen.

Man muss sich nicht jedes Mal überlegen: Schickt sich das? Was würde Thomas Schäfer-Elmayer tun, weinen? Benimmregeln, das klingt auch so starr und altmodisch. Ich würde eher sagen, es sind Tipps. Mithin Richtlinien, die helfen, dass dich andere als angenehme und höfliche Person wahrnehmen. Als eine Person, die sie gerne in ihrer Nähe haben. Für die sie sich nicht genieren müssen. Und die sie gerne auch ihren Freunden, Bekannten und Geschäftspartnern vorstellen. In einem Netzwerk gibt es viele solcher Richtlinien. Kennt man sie, fühlt man sich selbst besser, sicherer und wohler in Gegenwart anderer Menschen. Eleganz ist die Trennlinie zwischen Hochmut und tiefen Meldungen. Die legendäre ehemalige Opernballdirektorin Lotte Tobisch war ab dem Zeitpunkt, an dem ich sie mit 17 als Schulsprecher zu einer Kulturdiskussion in meine Schule nach Graz eingeladen hatte, und auch während meiner Studienzeit in Wien eine große Mentorin für mich. Und sie hat einmal richtig, auch in Bezug auf Politik und Gesellschaft, gesagt: »Wir brauchen nicht immer Hunderte Regeln, oft reicht einfach der Hausverstand und die klare Denke: ‚Das tut man nicht.'«

Die Anrede. Jemanden korrekt anzureden, scheint einfach zu sein. Kennt man die Person nicht, sagt man: Guten Morgen, guten Tag, guten Abend. Kennt man die Person schon, sagt man Hallo, Servus, grüß dich. Aber ganz so einfach ist es nicht. Hat jemand einen Doktortitel, dann sagt man ihn auch dazu. Es sei denn, der Betroffene will das nicht. Hat jemand ein Diplom, einen Master- oder Bachelor-Abschluss, erwähnt man das eher nicht.

Öffentliche Mandate oder Ehrentitel gehören wiederum zum Namen dazu. Frau Ministerin. Herr Bürgermeister. Aber die Frau des Herrn Bürgermeister ist eher nicht die Frau Bürgermeister, obwohl das manche noch gern sagen. Adelstitel sind in Österreich abgeschafft worden und müssen auch nicht verwendet werden. Es sei denn, man will es unbedingt oder macht es mit einer gewissen Ironie. Fräulein sagt man mittlerweile selten. Handküsse mögen auf manche veraltet wirken, aber ich setze ihn eigentlich oft bewusst ein, gerade im Kontrast zur Postmoderne. Der Frau gefällt es fast immer, und die Umgebung findet es zumeist erfrischend. Wenn man die Hand einer Dame küsst, dann deutet man das nur an und schaut ihr dabei in die Augen. Mit einem Bussi links und einem rechts begrüßt man nur, wen man kennt. Und auch hier gilt: Die Lippen berühren die Wangen nicht. Eine Soirée ist kein Swinger Club.

Das Du-Wort. Ob bei Veranstaltungen, im Büro oder in der Freizeit. Lernt man jemanden kennen, stellt man sich die Frage: Soll ich jetzt Du oder Sie sagen? Meistens entscheidet man aus dem Bauch heraus. Und oft kommt einem ein Sie über die Lippen. Manchmal nimmt der Gesprächspartner einem die Entscheidung ab. Grundsätzlich duzt man sich aber heutzutage öfter, als man es noch vor ein paar Jahren getan hat.

Trotzdem ist das höfliche und formelle Sie in vielen Situationen eher angebracht. Im Job zum Beispiel. Da gilt: Der Ranghöhere bietet dem Rangniedrigeren das Du-Wort an. Klar. Im privaten Bereich ist es so, dass die Dame den Herrn und der Ältere den Jüngeren zuerst duzt. Treffen sich zwei Menschen im gleichen Alter oder vom gleichen Rang, steht es beiden offen, dem anderen das Du-Wort anzubieten.

Das Du schafft Vertrauen. Und ist auch ein Zeichen der Anerkennung. Vor allem, wenn ein Ranghöherer es einem anbietet. Es kann allerdings auch dazu führen, dass der Respekt verloren geht. Außerdem möchte man gern die Berufswelt vom Privatleben trennen. Deshalb sollte man sich gut überlegen, wem man das Du-Wort anbietet. Und auch, ob man es annimmt. Wenn man sich damit unwohl fühlt, darf man es durchaus ablehnen. Einfach ist das natürlich nicht. Aber man kann sich bedanken und erklären, warum man jemanden nicht duzen möchte. So zeigt man Respekt, das Gegenüber wahrt sein Gesicht, und die Kommunikation funktioniert auch künftig ungestört. Nimmt man das Du-Wort einmal an, gibt es kein zurück mehr. Dann ist die Zahnpasta aus der Tube, wie es so schön heißt. »Entschuldigung, aber mir wäre es lieber, wenn wir uns wieder Siezen.« Katastrophe. Geht gar nicht. Nicht nur, dass das extrem unhöflich ist. Es belastet jedes noch so gute Verhältnis. Dennoch kann es passieren, dass man sich zwischendurch duzt und dann wieder zum Sie übergeht. Hat der Chef einen zum Beispiel bei der Betriebsfeier geduzt, heißt das noch lange nicht, dass er einem am nächsten Tag im Büro um den Hals fällt. Am besten, man hält sich zurück und wartet, was der Vorgesetzte macht. Entweder verwendet er das Du, oder er geht kommentarlos wieder zum Sie über.

Die Zeit. Die Uhr sollte man immer im Blick haben. Unpünktlichkeit ist unhöflich. Allerdings: Geht man zu einer Veranstaltung mit freier Platzwahl, kommt man lieber ein paar Minuten zu spät. Aber nicht mehr als zehn. Jedenfalls sollte man nicht zu früh antanzen. Das könnte den Eindruck vermitteln, man sei gierig und wolle unbedingt den besten Platz für sich haben. Zu einem gesetzten Dinner kommt man besser nicht zu spät. Das ist für die anderen Gäste und für einen selbst sehr unangenehm. Und zu einer Veranstaltung, bei der viele Leute sind, fällt es kaum auf, wenn man unpünktlich ist; man kann sich elegant unter die Menschen mischen. Zu einem Geschäftsessen kommt man lieber etwas früher. Das hat den Vorteil, dass man in Ruhe ankommen und sich auf das Treffen vorbereiten kann. Natürlich ist man auch zu vereinbarten Geschäftsterminen pünktlich. Aber es kann immer etwas dazwischen kommen. Bei kleineren und privaten Veranstaltungen, ruft man, wenn möglich, den Gastgeber an. Aber nur, weil Smartphones es möglich machen, dass man jederzeit jeden erreichen kann, muss man das nicht überstrapazieren. Verspäten sollte man sich nicht zu oft. Und nur aus gutem Grund. Weil das Auto nicht angesprungen ist zum Beispiel. Oder weil die U-Bahn nicht gekommen ist. Erklärt man es und entschuldigt sich, wird einem auch niemand böse sein.

Schwierig wird es mit der Zeit, wenn viele Veranstaltungen hintereinander anstehen. Oder zwei an einem Abend. Dann kann man von einer früher gehen und zur nächsten etwas später kommen. Wenn es die Events zulassen. Ich komme lieber pünktlich zu einer Veranstaltung und gehe dafür früher. Vor allem unter der Woche. Der Beginn eines Events ist zeitlich genau vorgeschrieben. 19.30 Uhr. Das Ende ist meistens nicht so klar definiert. Und man kann dann schon sagen: »Entschuldigung, ich muss noch zu einem Event. Schönen Abend noch.« Zu spät sollte man zu einer Veranstaltung auch deshalb nicht kommen, weil man sonst einen »Buffetruf« bekommt. Also den Ruf, dass man sämtliche Veranstaltungen nur wegen des Buffets besucht – und einen alles andere überhaupt nicht interessiert. Das sollte man unbedingt vermeiden: als Schmarotzer dazustehen.

Am besten ist es sowieso, wenn man sich gar nicht erst hetzen muss und sich die Termine nicht überschneiden. Muss man trotzdem einmal zu zwei Veranstaltungen an einem Abend, ergibt sich oft ganz von alleine, zu welcher man zuerst geht. Bei vielen Veranstaltungen gibt es leider redundante Sonntagsreden, die ich durchaus als mühsam empfinde und mir auch gerne mal erspare. Wenn man weiß, dass das auf einen zukommt, und wenn einen das nicht interessiert, kann man erst danach auftauchen. Das wirkt unter Umständen sogar sympathisch, weil viele Gäste solche Reden auch nicht mehr hören können.

Und noch ein Tipp zur Zeiteinteilung. Mein Vater hat immer gesagt: Mach dich rar. Und damit hatte er recht. Den Spruch »Willst du was gelten, mach dich selten« kennt jeder von uns, aber übertreiben sollte man es nicht. Da muss man eine Balance finden. Man muss präsent, aber nicht immer und überall dabei sein. Und schon gar nicht bis zum Ende bleiben. Viele Veranstaltungen enden sehr spät. Dann sind nur noch ein paar Leute da, die betrunken am Tisch nuscheln oder an der Bar hocken. Natürlich kann das schon lustig und verbindend sein. Wahrscheinlicher ist es aber, dass nichts Gescheites herauskommt, außer ein Kater vielleicht.

Ganz abgesehen davon, dass es den Biorhythmus zusammenhaut, wenn man zu wenig Schlaf bekommt und am nächsten Tag ausschaut, als hätte man im Volksgarten geschlafen. Also: Lieber zu früh die Kurve kratzen, als zu spät nach Hause kommen.

Sonst bekommt man den Ruf eines Partytigers. Ich weiß hier schon, wovon ich spreche. Immerhin sieht man auf Events immer wieder dieselben Menschen. Und die stecken einen schnell in eine Schublade. Ich bin bisweilen auch in so ein Fach schubladisiert worden. Allein schon deshalb, weil ich zum Beispiel im Lokal Motto zu oft den legendären Cocktail Betty Ford bestellt hatte.

Wenn man früher geht, verstehen die Leute das. Man muss nur den Absprung schaffen. Wenn nötig, macht man einfach einen französischen Abgang. Man verschwindet also, ohne sich zu verabschieden. Das ist nicht die feine englische Art, aber man kann das trotzdem ab und zu machen. Die Leute lernen nicht auswendig, wer noch da und wer schon gegangen ist.

Ich schaue darauf, dass ich von Montag bis Donnerstag vor Mitternacht daheim bin. Denn alles, was später ist, ist ab 30 sehr belastend für den Biorhythmus. Und ich versuche von Montag bis Mittwoch keinen Alkohol zu trinken. Dann bin ich auch am nächsten Tag fit fürs Geschäft. Natürlich gibt es Ausnahmen. Die Versuchungen sind allgegenwärtig, klarerweise bleibt man auch unter der Woche einmal hängen. Und selbstverständlich ist ein Glas Wein zum Essen erlaubt. Apropos Wein.

Der Alkohol. Wer feiern kann, muss auch arbeiten können, sagt man. Helmut Kohl hat das umgedreht und gemeint: »Wer tüchtig arbeitet, soll auch tüchtig feiern.« Dazu sind Netzwerk-Veranstaltungen schließlich da. Es sind keine Ballermann-Partys, keine Sauf-Gelage. Aber es gibt immer wieder Anlässe, die ausgiebig begossen werden. Bedenken sollte man allerdings, dass mit jedem Schluck die Moral sinkt und die Hemmungen fallen. Und dass man unter Alkoholeinfluss vielleicht nicht nur gescheite

Sachen sagt und tut. Manche Menschen werden ruhig, andere lustig und wieder andere aggressiv. Und alle haben gemein, dass sie betrunken keine gute Figur machen. Ist man also auf einer Veranstaltung mit fremden oder wichtigen Menschen, stößt man mit einem Sekt oder Champagner an und trinkt vielleicht noch einen Wein. Das sollte dann genügen. Man ist keine Wüste Gobi, die es zu bewässern gilt.

Kommt man mit dem Ziel zu einem Event, geschäftliche Kontakte zu knüpfen oder etwas zu verkaufen, verzichtet man lieber ganz auf Alkohol und löscht seinen Durst lieber mit alkoholfreiem Bier oder Orangensaft. Umgekehrt sollte man den betrunkenen Zustand seiner Gesprächspartner auch nicht ausnutzen, um ihnen Zugeständnisse oder Geheimnisse zu entlocken.

Man muss wissen, wie viel man verträgt und sollte rechtzeitig aufhören, Alkohol zu trinken. Und man sollte zwischendurch auf jeden Fall Wasser zu sich nehmen. Schwierig wird das, wenn alle trinken. Und wenn dauernd nachgeschenkt wird. »Komm schon, ein Glas noch.« Ein Nein kommt einem nur schwer über die Lippen. Man will nicht unhöflich sein. Wenn man genug hat, hat man aber genug und sollte das auch deutlich sagen. Es ist immer noch besser, man hat den Ruf eines zurückhaltenden Gelegenheitstrinkers als den eines undisziplinierten Säufers.

Ich will mich da jetzt aber nicht als Moralapostel aufspielen und Alkohol verteufeln. Natürlich hat er auch die Macht, Menschen zusammenzubringen. Und natürlich entstehen mitunter witzige Situationen, an die man sich gerne und lange erinnert (wie auch immer). Einmal habe ich beim Wiener Filmball vor Terminator 3-Darstellerin Kristanna Loken ihren mechanischen Gang als Terminatrix T-X imitiert. Glücklich war sie nicht darüber. Aber sie hat es mit amerikanischer Lässigkeit genommen. Selbstverständlich ist es eine Frage des Netzwerks, wie viel Alkohol angemessen ist. Es gibt Branchen, in denen werden wichtige Dinge abends bei einem Bier besprochen. Und da wächst man mit jedem Schluck näher zusammen.

Oder: Filmriss.

Es kann auch passieren, dass man sich an nichts mehr erinnert. Und irgendjemand dann am nächsten Tag erzählt, dass man am Tisch Paso doble getanzt hat oder im Mousse au chocolat eingeschlafen ist. Solche Sachen können den Ruf nachhaltig ruinieren. Außerdem kann man nicht unbedingt arbeiten, nachdem man gefeiert hat. Alkohol genießt man also am besten in Maßen, die Ausnahmen von diesem Vorsatz ergeben sich ohnehin oft genug ungeplant im Gesamtflow des umtriebigen Tuns.

Der Humor. Manche lachen viel, andere exklusiv im Keller. Aber worüber jemand lachen kann, was er gar nicht lustig findet, ob er Ironie versteht und Sarkasmus durchschaut, das sieht man ihm nicht an. Man muss sich also langsam herantasten und sollte sich anfangs mit Witzen und Scherzen lieber zurückhalten und stattdessen aufmerksam zuhören. Humor ist heikel. Ein unpassender Schenkelklopfer oder eine unlustige Aussage kann genügen, um sich so zu präsentieren, wie man auf keinen Fall wahrgenommen werden will. Als Prolet, Sexist, Frauenfeind oder Dolm vom Dienst.

An seinen Scherzen erkennt man den Menschen, sagt ein französisches Sprichwort. Ich bin da eh auch manchmal gefährdet, offen gesagt. Oft liegt mir leider schon auch ein unpassender Schmäh auf den Lippen. Aber grundsätzlich muss man nur herausfinden, was jemand lustig findet. Und ob man den gleichen Humor hat. Ergibt sich eine passende Gelegenheit, macht man einen Test-Schmäh. Das muss und soll gar nicht der große Brüller, sondern nur ein subtiles Herantasten sein. Erntet man ein Schmunzeln oder gar einen Lacher, kann man beflissen weitermachen. Ein Scherz muss zur Situation passen. Man sollte nicht krampfhaft versuchen, einen Witz unterzubringen. Es muss sich einfach ergeben. Man darf nicht zum Hofnarren des Netzwerks werden.

Absolut unangebracht sind diskriminierende, homophobe und rassistische Witze. Auch über Religion und Politik sollte man keine Witze reißen. Schon gar nicht, wenn man die Zuhörer nicht kennt. Über Dritte macht man auch keine Witze. Man kann eine lustige Geschichte aus seinem Leben erzählen. Eine, die einem vielleicht sogar ein bisschen peinlich ist. Die eine kleine Schwäche offenbart. So sammelt man Sympathiepunkte. Und hat die Lacher auf seiner Seite, ohne als Giftspucker dazustehen, der andere diffamiert. Wer sich selbst auf die Schaufel nimmt, hat es nicht nötig, über andere herzuziehen. Er steht als geistreiche Lichtgestalt über den Dingen. Als persona grata.

Das Essen. Wie soll ich sagen: Es ist nicht gut, mit dem Dessertlöffel in der Vorspeisensuppe zu stochern. Oder mit dem Steakmesser die Butter auf den Kornspitz zu schmieren. Oder mit der Brotmesser den Hummer zu zerteilen. Beim Besteck arbeitet man sich von außen nach innen. Es gibt überhaupt so viel zu beachten, um nicht als gourmettechnischer Redneck dazustehen. Eine Stoffserviette legt man sich auf den Schoß. Und wenn man fertig ist, faltet man sie und platziert sie links vom Teller. Was man keinesfalls machen sollte: Ein Schnitzel komplett kleinschneiden, bevor man es isst. Ich habe schon gesehen, wie Erwachsene ihre Spaghetti schneiden und sie dann mit dem Löffel essen. Das Anpatz-Risiko ist dadurch natürlich gering. Dafür wirkt man aber wie ein Fünfjähriger, der die Pasta Pinocchio gewählt hat.

Das größere Weinglas ist für den Rot-, das kleinere für den Weißwein. Wenn man sich einen Wein ausgesucht hat, kommt der Kellner mit der Flasche, zeigt sie einem und schenkt einen Schluck ein. Wenn man weiß, wovon man redet und was man tut, kann man dann natürlich punkten. Man schwenkt das Glas, riecht am Wein, nimmt ihn in den Mund und beschreibt, was man schmeckt. Wenn man kein Weinkenner ist, lässt man das aber lieber sein. Kurz schwenken – im Idealfall beschreibt man mit dem Glas zwei imaginäre Sechser, also zweimal einen Kreis gegen den Uhrzeigersinn machen –, dann kosten und darauf achten, ob der Wein gut temperiert ist und vor allem nicht korkt. Eigentlich kommt es nur darauf an. Man testet die Qualität, nicht den Geschmack. Schließlich hat man sich für den Wein schon vorher entschieden. Ist alles in Ordnung, nickt man freundlich, und der Kellner schenkt den Wein ein. Teure Bouteillen werden auf Wunsch auch dekantiert.

Gläser mit Stiel greift man nur am Stiel an. Sonst outet man sich als stillos. Brot tunkt man nicht in die Suppe wie daheim. Die kann man dafür, vorausgesetzt, die Suppentasse hat Henkel, austrinken. Allerdings nur das letzte Schlückchen. Den Kaffeelöffel schleckt man nicht ab, sondern legt ihn einfach auf die Untertasse. Bevor der Gastgeber nicht dazu auffordert, trinkt man nicht. Anstoßen darf man mittlerweile übrigens auch mit Limonade.

Die Ellbogen stützt man nicht am Tisch ab. Man sitzt aufrecht. Und man führt das Essen zum Mund, nicht den Mund zum Essen. Wenn er voll ist, spricht man nicht. Und noch etwas: Das Gericht nachzuwürzen, bevor man es probiert hat, ist unhöflich. Es signalisiert dem Koch: Deinen geschmacklosen Fraß muss ich in jedem Fall aufpeppen. Da hilft es auch nicht, wenn man sagt: »Ja, ich weiß schon, dass da für mich zu wenig Salz drin ist.« Macht man zwischendurch eine Pause, legt man das Besteck auf den Teller. Und zwar mit den Spitzen gekreuzt. Ist man fertig, platziert man es, wenn man an eine Uhr denkt, auf 20 nach 4. Dann weiß der Kellner, dass er abräumen kann. Das sind die wichtigsten Richtlinien, was das Essen betrifft. Und damit sollte man auskommen. So genau nehmen es die meisten Menschen nämlich auch wieder nicht. Man muss sich nicht davor fürchten, etwas falsch zu machen, sondern sollte das Essen lieber genießen und sich auf die Gespräche konzentrieren. Und nicht zu schnell essen, das ist zum Beispiel bei mir eine Schwachstelle seit der Kindheit. Ist man trotzdem einmal unsicher, schaut man einfach, was die anderen machen. Dann kann nichts mehr schief gehen.

Eine eigene Angelegenheit ist das Geschäftsessen, bei dem es darum geht, Beziehungen zu vertiefen. Und nicht darum, auf Kosten der Firma oder eines Geschäftspartners zu schlemmen. Ihm überlässt man jedenfalls die Platzwahl. Es gibt ein Spiel, das auf Kindergeburtstagen der Renner ist. Mein rechter Platz ist leer. Schon das zeigt, was auch später gilt: Der rechte Platz ist der Ehrenplatz. Dort sitzt der Geschäftspartner also im Idealfall. Oder der wichtigste Gast, wenn es eine größere Runde ist. Ansonsten gibt es hier keine eignen Richtlinien. Es gilt, was immer gilt: freundlich und offen sein, aktiv zuhören und ausreden lassen.

Das Buffet. Dazu gibt es schon noch ein paar spezielle Benimm-Tipps. Man darf natürlich zum Buffet gehen, so oft man möchte. Das Essen auf dem Teller zu einem Turm zu stapeln, ist nicht gern gesehen. Das machen vielleicht deutsche Urlauber im All-Inclusive-Hotel von Antalya, aber ein Mann von Welt oder eine Lady frisst nicht auf Vorrat. Man genießt. Kostet. Probiert Häppchen. Also: lieber kleine Portionen nehmen. Dann kann man auch mehr probieren und patzt sich nicht so schnell an. Apropos probieren: nur am Tisch und nicht am Buffet. Das darf man nur, wenn man Jamie Oliver heißt.

Das Buffet ist so angerichtet, wie man die Gänge zu sich nehmen würde, wenn sie serviert kämen. Kalte Vorspeisen, Suppen, Hauptspeisen, Käse und Desserts. Man darf übrigens jederzeit aufstehen und sich den nächsten Gang holen. Da muss man keine Rücksicht darauf nehmen, ob der Tischnachbar schon mit seiner Lachsterrine fertig ist. Man rennt nur klarerweise nicht mitten im Gespräch zum Buffet.

Für jede neue Speise nimmt man einen neuen Teller. Das schmutzige Geschirr lässt man am Tisch stehen, der Kellner räumt es schon weg. Natürlich darf man sich in der Buffet-Schlange nicht vordrängen. Aber das hat nicht nur etwas mit Höflichkeit zu tun. Man sollte es auch deshalb nicht tun, weil man während der Wartezeit ganz leicht jemanden ansprechen und kennenlernen kann. »Tolles Buffet, oder? Haben Sie das Carpaccio schon probiert?«

Der Abstand. Apropos drängen. Sind viele Menschen auf engem Raum zusammen, lässt es sich mitunter kaum vermeiden, dass man jemandem auf die Füße steigt oder von jemandem geschubst wird. Die meisten Leute reagieren auf Menschenansammlungen gestresst. Was daran liegt, dass die anderen in die eigene höchstpersönliche Zone eindringen.

Der US-amerikanische Anthropologe und Ethnologe Edward Twitchell Hall hat in den Sechzigerjahren vier Distanzzonen beschrieben und ausgemessen. Da gibt es einmal die öffentliche Distanzzone. Sie umfasst einen Umkreis von 3,60 Metern und mehr. Kommt jemand einem so nahe, ist das kein Problem. Zwischen 1,20 und 3,60 Metern liegt die soziale Distanzzone. So einen Abstand hält man zu fremden Leuten und zu Servicekräften. Darauf folgt die persönliche Distanzzone. Gute Freunde und Kollegen dürfen bis zu 60 Zentimeter an einen heran. Und in die intime Distanzzone mit einem Umkreis von bis zu 60 Zentimetern dürfen nur der Partner, engste Freunde und Familienmitglieder.

Bei einer Veranstaltung kann es aber schon einmal passieren, dass mehrere Menschen in diese höchstpersönliche Distanzzone eindringen. Wird es einem zu viel, sucht man sich ein ruhiges Platzerl und schnauft einmal durch, bevor man sich wieder in die Menge stürzt. Grundsätzlich sollte man niemandem zu nahe kommen und nicht aufdringlich sein. Wenn es sich vermeiden lässt. Das gilt besonders für den Handschlag. Kennt man jemanden nicht, hält man etwa eine Armlänge Abstand. Im Laufe eines Gesprächs kann man sich dann langsam und vorsichtig der persönlichen Distanzzone nähern. Aber auch nur, wenn man merkt, dass das jemand zulässt. Nähe ist ein fragiles Etwas.

Der Gentleman. Ladies first, sagt man. Und zwar auch noch nach so vielen Jahren der Emanzipation. Ladies last, wäre auch irgendwie seltsam. Allerdings geht man mit dieser Richtlinie heute viel lockerer um. Bei Geschäftsterminen könnte man den Ranghöchsten zuerst begrüßen, aber gerade in Wien kommt dann vorher noch ein „Na, die

Dame". Sonst beginnt man bei dem, den man am besten kennt. Weil der einem dann die anderen vorstellen kann. Sitzt man an einem Tisch, und kommt jemand dazu, steht man auf. Und zwar nicht nur, wie es früher war, wenn derjenige eine Dame ist. Außerdem gehen Frauen und Männer mittlerweile nebeneinander die Treppe hinauf, wenn die breit genug ist. Sonst schreitet die Frau voran. Einst war das immer so, damit der Herr die Dame, sollte sie fallen, auffangen konnte. Und der Mann betritt ein Restaurant zuerst und geht auch als erster wieder hinaus. Dabei hält er ihr aber natürlich die Tür auf.

Die Tür aufhalten, den Stuhl zurechtrücken oder in den Mantel helfen, das sind immer noch nette Gesten, die gut ankommen. Ladies first, daran hält man sich im Zweifelsfall lieber. Denn die Chance, dass man von einer Dame komisch angeschaut wird, weil man ihr nicht den Vortritt lässt, ist immer noch höher, als wenn man sie bevorzugt behandelt. Ein Gentleman der alten Schule wird nie aus der Mode kommen. Aber auch ranghöhere und ältere Personen kommen zuerst. Ganz unabhängig vom Geschlecht. Trotzdem: Einem Mann gleich Vorwürfe zu machen, weil er einmal kein Gentleman ist, ist unangebracht. »Danke, aber ich kann das schon und mache es lieber alleine.« Solche Aussagen kommen nicht besonders gut an. Außerdem darf man heutzutage auch eine Gentlewoman sein. Gleiches Recht für alle.

Das Mobiltelefon. Es war einmal … eine Zeit, in der es noch keine Handys gab. In der man nicht rund um die Uhr erreichbar war. Eine Zeit ohne Smartphones. In der man nicht dauernd SMS schrieb, seine E-Mails checkte oder auf Facebook nachschauen konnte, was die Freunde gerade so treiben. Eine Zeit, in der man mit anderen Menschen an einem Tisch saß und keiner mit seinem Mobiltelefon spielte. Man nannte sie Steinzeit. Oder die Achtziger, Neunziger. Retro, schwer retro. Heute ist das anders. Jeder hat sein Smartphone immer dabei und sucht panisch nach einer Steckdose, wenn der Akku ausgeht. Und ja, diese Dinger sind auch sehr praktisch, keine Frage. Bei Veranstaltungen sollte man auf zu häufigen Gebrauch verzichten. Man lässt das Handy in der Hand- oder Sakkotasche, platziert es nicht am Tisch und schaltet es auf lautlos.

Ruft jemand an, vibriert es nur und stört niemanden. Sitzt man mit anderen Menschen an einem Tisch, und bekommt man einen Anruf, entschuldigt man sich, steht auf und geht ein Stück weg. Zu lange sollte man nicht telefonieren, auch das wäre unhöflich. Und wenn man zurückkommt, entschuldigt man sich noch einmal. Telefoniert man, spricht man leise. Will man vermitteln, dass das Gespräch mit den Tischnachbarn interessant ist, nimmt man das Telefongespräch gar nicht erst an und entschuldigt sich für die kurze Unterbrechung. Hat man vergessen, das Handy auf lautlos zu schalten, macht man das sowieso. Zwischendurch auf Facebook oder Instagram nachzuschauen, was es Neues gibt, ist bei einer Veranstaltung natürlich verpönt, trotzdem machen es sehr viele, leider oft genug auch ich. Man ist ja hergekommen, um sich zu unterhalten. Mit echten Menschen. Face to face. Und das sollte man auch tun. Analog. Mit altmodischen Mitteln wie Stimmbändern.

Wenn man einen Anruf bekommt, meldet man sich mit dem Namen. Bei Freunden kann man es sowieso halten, wie man will. Aber bei Geschäftspartnern und Menschen, die man nicht gut kennt, sagt man seinen Namen immer dazu. Will man selbst jemanden anrufen, schaut man zuerst auf die Uhr. Einen Geschäftspartner ruft man außerhalb der üblichen Arbeitszeit nur an, wenn es unbedingt sein muss. Und wenn man es schon machen muss, dann belässt man es bei einem Versuch. Hebt er nicht ab, ruft man ihn nicht alle fünf Minuten an und lässt es auch nicht zwanzig Mal läuten. Das ist penetrant.

Man muss immer damit rechnen, dass jemand nicht erreichbar ist und man zur Sprachbox umgeleitet wird. Viele reagieren dann gestresst und wissen nicht, was sie sagen sollen. Oder sie vergessen, etwas zu sagen, und rufen dann nochmal an, um es zu ergänzen. Also: vorher überlegen.

Eigentlich ist es ja ganz einfach. Man hinterlässt seinen Namen, zur Sicherheit auch die Nummer und sagt den Grund des Anrufs. Fertig. Natürlich sollte man auch selbst die Sprachbox einrichten, damit andere einem Nachrichten hinterlassen können. Und zum Klingelton: Den sollte man gut hören, er sollte aber nicht lächerlich, lustig, kindisch oder gar provokant sein. Und natürlich probiert man nicht alle Klingeltöne in der Öffentlichkeit aus. Es sei denn, man will jemandem den letzten Nerv ziehen.

Die Komplimente. Die mag natürlich letztlich jeder. Solange sie nicht aufdringlich, anstößig oder womöglich sogar belästigend sind. Das geht schneller, als man vielleicht denkt. Unter Kollegen kann man schon so etwas sagen wie: »Sie schauen heute großartig aus.« Kein Problem. Als Vorgesetzter ist es schon problematischer, wenn einem so ein Kompliment über die Lippen kommt. Und je mehr man ins Detail geht, desto eher kann es als Belästigung aufgefasst werden. »Sie haben wirklich tolle Beine.« Problematisch. »Der Pullover betont Ihre schönen Augen.« Heikel. „In dem Kleid kommt ihr Dekolleté besonders gut zur Geltung.« Völlig daneben. Besonders für Menschen, mit denen man zusammenarbeitet, und für die, die man nicht besonders gut kennt, gilt: Lieber den Ball flach halten. Und ein Lob für eine gute Leistung aussprechen. Oder für eine Charaktereigenschaft. Aber auch nur, wenn man es ehrlich meint.

Es gibt gute Komplimente. Es gibt ungute Komplimente. Und dann gibt es auch noch offensichtlich übertriebene Komplimente. Zum Beispiel: »Also ganz ehrlich, ich habe noch nie, wirklich noch nie, eine so schöne Frau gesehen.« Oder: »Sie sind mit Abstand, mit großem Abstand der interessanteste Mann, den ich je kennenlernen durfte.« Oder auch: »Beste … Party … aller … Zeiten.!« Das kann natürlich schon stimmen. Aber wenn nicht, dann merkt der Betroffene das vermutlich. Im besten Fall ist er so von sich überzeugt, dass er sich trotzdem geschmeichelt fühlt. Im schlechtesten Fall denkt er sich: »So ein Schleimer.« Weniger ist mehr.

Und dann gibt es auch noch als Komplimente getarnte Attacken. »Ihr Kleid, ganz toll, das macht schlank.« Heißt natürlich: »Sie sind dick.« Oder: »Wow, die Wohnung ist wirklich sehr schön eingerichtet, das habe ich mir gar nicht erwartet.« Bedeutet: »Sie haben einen scheußlichen Geschmack.« Wenn man also jemandem ein Kompliment macht, sollte man sich gut überlegen, was man sagt. Das kann schnell zum Rohrkrepierer werden.

Und wenn man eines bekommt, sollte man genau zuhören und auch auf den Tonfall achten. Ist die Nettigkeit ehrlich gemeint, sollte man sie annehmen. Man lächelt und bedankt sich. Wie man nicht reagieren sollte: »Ach was, nein, das war gar nichts. Das kann doch jeder.« Wertet man ein Kompliment ab, verliert es seinen Sinn und seine Wirkung. Und der, der es ausgesprochen hat, der einem eine Freude machen wollte, der auch die Beziehung stärken wollte, der steht da wie ein Pudel und wird einen beim nächsten Mal nicht mehr loben. Sofort mit einem Kompliment zu antworten, ist auch nicht so gescheit. Das wirkt meistens aufgesetzt oder platt und lenkt die Aufmerksamkeit zu schnell wieder von einem ab. Die Leute genießen gerne ein Bad in wonnigen Worten.

Manche übertreiben es und können gar nicht genug Komplimente bekommen. Und weil das so ist, drehen sie das Gespräch so, dass sie welche kriegen. Fishing for compliments nennt man das. »Ich schau heute wieder aus, als wäre ich gerade aufgestanden.« Darauf sagt niemand: »Ja, allerdings.« Sondern eher: »Du doch nicht, du bist eh immer so fesch.« Vielleicht stimmt das ja.

Wirklich ehrlich sind Komplimente nur, wenn sie jemandem unaufgefordert über die Lippen kommen. Fischt man nach ihnen wie ein hyperaktiver Angler, wirkt man außerdem unsicher, weil man jedes Mal irgendwelche Schwächen zugibt. »Ich? Nein, ich kann das doch gar nicht.« Selbstbewusst klingt anders. Natürlich will man jetzt hören, dass man es doch kann. Man will Bestätigung. Aber wer so reagiert, muss auch auf Zustimmung gefasst sein. »Nein, Sie haben recht, das können Sie wohl wirklich nicht.« Das andere Extrem ist nicht viel besser. »Danke, ich weiß, ich bin der Beste.« Wie so oft ist auch hier ein Mittelmaß gefragt. Ein simples Danke reicht.

Fazit: Ehrliche Komplimente kann man nach Lust und Laune verteilen. Je besser man jemanden kennt, desto persönlicher dürfen sie sein. Im Berufsleben ist man besser vorsichtig. Und bekommt man ein Kompliment, nimmt man es auch an und genießt die Anerkennung.

Die Erkältung. Ein lautes Hatschi kann schon passieren. Und dass man niemandem ins Gesicht niest, ist jedem klar. Herren, und mittlerweile auch viele Damen, haben oft ein sauberes Stofftaschentuch dabei. Ist man aber erkältet, sind Papiertaschentücher besser. Einmal schnäuzen, dann entsorgen.

Wenn man mit mehreren Gesprächspartnern am Tisch sitzt, es in der Nase kitzelt, und man merkt, dass man gleich niesen muss, rückt man mit dem Sessel ein Stück zurück. Schafft man es nicht mehr, rechtzeitig ein Taschentuch vor die Nase zu halten, niest man in die linke Hand. Denn bei der Begrüßung oder Verabschiedung braucht man die rechte für gewöhnlich. Entschuldigen muss man sich jedenfalls nicht. Nur, wenn man so oft hintereinander niest, dass man die Konversation stört. Und Gesundheit muss man auch nicht wünschen. Es sei denn, es wird erwartet. Aber höflicher ist es eigentlich, wenn man das Niesen ignoriert und nicht noch extra darauf aufmerksam macht. »Sie schauen aber wirklich krank aus. Wollen Sie nicht besser nachhause gehen?«

Die Gastgeschenke. Zu einem großen Event bringt man keine Gastgeschenke, auch Xenien genannt, mit. Aber die Höflichkeit verlangt, dass man bei privaten Einladungen dem Gastgeber eine Kleinigkeit überreicht. Eine Flasche Wein oder ein Blumenstrauß kommen immer gut an. Wer den Gastgeber gut kennt oder seine Vorlieben recherchiert hat – dazu informiert man sich zum Beispiel bei einem gemeinsamen Bekannten –, kann sich natürlich durch ein passendes Präsent von der Masse abheben.

Das Handicap. Menschen mit Beeinträchtigungen trifft man immer wieder. Und die meisten sind damit überfordert. Also die meisten Menschen ohne Beeinträchtigungen. Seien wir doch ehrlich. Zumindest die, die noch keine oder wenige Erfahrungen gemacht haben. Dann nehmen sie Rücksicht. Dann zeigen sie Mitleid. Und das ist natürlich nicht ungewöhnlich. Aber viele übertreiben es und verhalten sich überkorrekt. Ein Mensch mit Handicap will, dass man den Menschen sieht, nicht das Handicap. Dass man den Vater, die Mutter, den Angestellten, den Kollegen, den Sportler, den Künstler, die Fachkraft oder die Geschäftsfrau sieht. Und nicht den Rollstuhl, um nur ein Beispiel zu nennen.

Die meisten machen es einem ohnehin sehr leicht. Sie wissen, dass nicht jeder gleich so gut mit ihrer Beeinträchtigung zurechtkommt. Dass man sich Gedanken macht. Dass man aufpasst, was man sagt und tut. Und sie zeigen Verständnis dafür, lockern die Situation vielleicht sogar mit einem Scherz auf. Unterhält man sich fünf Minuten mit ihnen, bemerkt man die Beeinträchtigung nicht mehr. Man sollte nicht ungefragt helfen, weil man damit ihre Autonomie infrage stellen würde. Wenn sie Hilfe brauchen könnten, geht man hin und fragt höflich, ob man etwas für sie tun kann. Eigentlich gibt es zu dem Thema gar keine Richtlinien. Menschen mit Handicap sind Menschen wie du und ich. Und man behandelt sie, wie jeden anderen auch. Ein großes Vorbild in diesem Zusammenhang ist mein Freund Alexander Ceh aus Graz, der hier wie kein anderer als Role Model beispielgebend ist.

Das internationale Verhalten. Spinnt man sein Netzwerk bis ins Ausland, kann man punkten, wenn man die Sitten der jeweiligen Länder kennt. Das ist auch von Vorteil, wenn man national auf internationale Menschen trifft. Natürlich gibt es viele Vorurteile. Und selbstverständlich trifft keine Aussage auf jeden Menschen zu. In Österreich läuft auch nicht jeder in Tracht herum und jodelt. Nicht alle Deutschen sind fleißig und zuverlässig. Nicht alle Spanier sind unpünktlich. Aber Ostasiaten sind zum Beispiel eher zurückhaltend und werden selten laut. Zur Begrüßung verbeugt man sich. Rangniedrigere tiefer als die Vorgesetzten. In westlich orientierten Unternehmen und unter jungen Menschen gibt man sich auch die Hand. Umarmen sollte man niemanden, den man nicht gut kennt. Und wenn man auf jemanden zeigen möchte, dann nicht mit dem Finger, sondern mit der ganzen Hand. Außerdem ist es in China unhöflich, jemandem direkt in die Augen zu schauen oder ihn gar anzustarren. Und in Restaurants gibt man kein Trinkgeld. Visitenkarten überreicht man mit beiden Händen und studiert sie genau, bevor man sie einsteckt. Etwas draufzuschreiben, ist verboten. Und Pünktlichkeit ist sehr wichtig.

In den USA ist der Umgang leichter. Das merkt man schon bei der Begrüßung. Nach dem kräftigen Handschlag sagt man: »Hello, how are you?« Das ist nur eine Floskel, die Amerikaner erwarten sich keine ausgedehnte Antwort. Man erwidert nur: »Fine, thanks.« Und erkundigt sich nach dem Befinden. Das macht man übrigens in Großbritannien genauso. Stellt man jemanden vor, erwähnt man etwas zur Person. Zum Beispiel: »Christine, darf ich vorstellen, das ist John, er ist unser Geschäftspartner in New York und ein großer Fußballfan. John, das ist Christine, unsere Marketingleiterin und eine gute Sängerin.« Sitzt man dann mit dem amerikanischen John am Tisch, kann es schon passieren, dass er sich das Fleisch kleinschneidet, um es mit der Gabel zu essen. In den USA gibt man natürlich Trinkgeld. Und zwar 15 bis 25 Prozent des Rechnungsbetrags. Meetings und Besprechungen beginnen meistens mit Smalltalk. Visitenkarten steckt man sofort weg. Und man kann auch etwas draufschreiben. In Kanada läuft alles ähnlich ab. Außer, dass man beim Essen eher keinen Alkohol trinkt. Und dass die Kanadier extrem höflich sind. Es kann sogar sein, dass sich jemand bei einem entschuldigt, dem man auf dem Fuß getreten ist.

Franzosen begrüßen sich meistens mit zwei bis vier angedeuteten Küsschen auf die Wangen. Um eine peinliche Situation zu vermeiden, sollte man sich aber nicht zuerst mit gespitzten Lippen dem Gesicht des Gegenübers nähern. Denn vor allem, wenn es um Geschäfte geht, reicht man sich schlicht die

Hand. Es schadet auch nicht, ein bisschen Französisch zu können. Schließlich sind die Franzosen sehr stolz auf ihre Sprache und Kultur.

Auf die Sprache sollte man auch in Großbritannien achten. Besser gesagt: darauf, wie etwas gesagt wird. Very interesting, das kann auch bedeuten, dass etwas überhaupt nicht interessant ist. Die Briten mögen bescheidene Menschen, die nicht zu dick auftragen. Anders ist das in Russland, da darf man gerne protzen. Und im Gegensatz zu den Spaniern sprechen die Briten bei geschäftlichen Terminen eher selten über Privates. In Spanien ist überhaupt alles ein bisschen anders. Geschäftsessen beginnen dort oft erst um 21 Uhr und dauern bis spät in die Nacht. Mit der Zeit nimmt man es nicht so genau. Auch bei Meetings ist man eher flexibel. In Südamerika ist es überhaupt unhöflich, pünktlich zu sein. Wenn man zu einem Essen um 19 Uhr eingeladen ist, taucht man lieber eine Stunde später auf.

In westlichen Ländern sind die Sitten grundsätzlich recht ähnlich. Im arabischen Raum ist alles anders. Hier Geschäfte zu machen, ist nicht so einfach. Es reicht nicht aus, eine gute Idee zu haben und nett und kompetent zu sein. Das Ansehen muss man sich erarbeiten. Geschäftliches ist sehr persönlich. Und oft gibt es Mittelsmänner. Wer konsequent und offen ist, wer sich für das Land und die Kultur interessiert, wer sich wirklich reinhängt, der wird in die Familie aufgenommen. Und mit dem macht man dann auch Geschäfte. Dazu muss man allerdings den Kontakt pflegen und die Geschäftspartner möglichst oft besuchen.

Kommt man als Frau in ein arabisches Land, sollte man einen Hosenanzug oder zumindest einen langen Rock tragen. Eine Frau begrüßt man mit einem Kopfnicken. Männer geben sich die Hand. Apropos Hand, die linke gilt als unrein, weshalb man auch nur mit der rechten isst. Wenn es kein Besteck gibt, dann ist das Brot das Besteck. Während des Ramadans sollte man in der Öffentlichkeit nicht rauchen, essen oder trinken. Alkohol trinken die meisten Menschen sowieso nicht. Der Islam verbietet es. Was aber nicht bedeutet, dass niemand trinkt. Und natürlich wird auch in der

Geschäftswelt fleißig gehandelt. Und man ziert sich gerne. Einladungen nimmt man erst beim dritten Mal an. Führt man dann ein Gespräch, schweift man gerne ab und holt weit aus.

Fazit: Sich in fremden Kulturen zurechtzufinden, ist schwierig, keine Frage. Vor allem, wenn es um Geschäfte geht. Man kann nicht alles wissen, man kann nicht alles beachten. Aber man ist auch nicht gleich unten durch, wenn man einmal einen kleinen Fehler macht. Ist man sich nicht sicher, hält man sich am besten zurück, agiert vorsichtig und orientiert sich an den Menschen rund um einen. Vorsicht mit haha-witzig, das kann unfreiwillig beleidigen. Bitte keine fremden Kulturen generalisieren, das ist unkultiviert.

KÖRPERSPRACHE UND MIMIK

»Mhm, verschränkte Arme, da fühlt sich jemand nicht so wohl, wie er sagt. Und so interessiert ist er anscheinend auch nicht an meinen Geschichten. Dann rede ich eben mit jemand anderen.«

Der erste Eindruck ist entscheidend. Das weiß man, und das hört man immer wieder. Weil es stimmt. Vor allem in einem Netzwerk. Nicht einmal eine Sekunde braucht man, um jemanden einschätzen zu können. Klar, man kann im Nachhinein immer noch überrascht werden. Trotzdem: Zu 95 Prozent hängt der erste Eindruck vom Aussehen, von der Kleidung und der Haltung, der Stimmlage, der Sprechgeschwindigkeit, der Betonung, dem Dialekt und eben von Mimik und Gestik ab. Schon allein das bereits aufgebaute Selbstbewusstsein trägt viel dazu bei, dass der erste Eindruck passt. Aber mit der Körpersprache kann man so viel mehr erreichen.

Sie ist die älteste Form der zwischenmenschlichen Verständigung und auch in einem Gespräch entscheidend. Sogar, wenn man am Telefon mit jemandem redet. Hält man dabei den Hörer ans linke Ohr, aktiviert man die rechte Gehirnhälfte und lässt die Stimme damit sympathischer erscheinen. Steht man, klingt man selbstbewusster. Spricht man mit Händen und Füßen, ist der Kontakt lebendiger. Auch am Telefon.

Zeichen deuten. Weiß man, was der Körper ausdrückt, kann man die wahren Gefühle und Absichten seines Gegenübers entschlüsseln. Die Beine kreuzt man zum Beispiel nur, wenn man sich wohl fühlt. Ist man unsicher, versteckt man oft die Daumen hinter verschränkten Händen. Zeigen sie hingegen nach oben, denkt man positiv.

Bedeckt man die sogenannte Drossellinie, das ist die Stelle zwischen Kehlkopf und Brustbein, mit der Hand, dann ist das ein Zeichen für Unsicherheit und Angst. Das drückt man auch aus, wenn man mit der Halskette spielt. Legt man die Hand in den Nacken, suggeriert man damit Zweifel und Unbehagen. Vermeidet man Blickkontakt, ist man verärgert, unsicher oder hat eine andere Meinung. Stress und Nervosität zeigt man, wenn man die Hände auf dem Schoß abwischt.

Hände schütteln. Wenn man jemandem die Hand gibt, muss man einiges beachten. Im Laufe eines Lebens macht man das übrigens rund 15.000 Mal.

Streckt man den Arm ganz aus, sodass ein großer Raum entsteht, signalisiert man Reserviertheit. Lässt man die Hand nahe am Körper, kann das auch unsympathisch wirken. Hier muss man freilich einen Mittelweg finden. Ist der Händedruck zu locker, kommt man schüchtern rüber. Ein fester Griff, der nicht so schnell gelockert wird, vermittelt den Eindruck, dass man weiß, was man will und es sich auch holen wird. Vor allem Frauen punkten damit. Dann gibt es Menschen, die sich mit einem messen wollen. Wer kann kräftiger zudrücken? Kommt vor allem unter Männern vor. Idealerweise ist der Handschlag kurz und fest. Dabei schaut man dem anderen freundlich in die Augen. Hält man die Hand etwas schräg mit dem Handrücken nach oben, signalisiert man Überlegenheit – auf subtile Weise, quasi im Handumdrehen.

Gesichter lesen. An der menschlichen Mimik sind 43 Muskeln beteiligt. So kann man Freude, Wut, Trauer, Angst oder Verachtung ausdrücken. Einige Beispiele: Verengte Pupillen drücken Ablehnung aus. Häufiges Wimpern-Geklimper suggeriert Unsicherheit. Angehobene Augenbrauchen sind ein Zeichen für Überraschung. Starrt man jemanden an, wirkt man arrogant, unhöflich und vielleicht sogar bedrohlich. Wer den Blickkontakt nicht lange genug hält, zeigt, dass er nicht interessiert ist. Hebt man die Augenbrauen und Mundwinkel an, kommt man überheblich rüber.

Freundlichkeit und Aufgeschlossenheit drückt man durch große Augen aus. Verdreht man sie, weiß das Gegenüber, dass man ihm nicht glaubt. Unsicherheit und Ablehnung suggeriert man, wenn man die Nase rümpft. Wer die Mundwinkel entspannt, strahlt Ruhe aus. Presst man die Lippen zusammen, wirkt man dagegen unruhig. Und ein echtes Lachen erkennt man an den kleinen Falten, den sogenannten Krähenfüßen, an den Augen. Es ist ein Reflex und lässt sich nicht bewusst steuern. Wenn man also einen Witz hört und darüber nicht lachen muss, aber sollte, ist es besser, man übertreibt es nicht. Es genügt, die Mundwinkel leicht nach oben zu ziehen.

Das Gegenüber spiegeln. Das ist eine gute Technik, um auf subtile Art Harmonie zu erzeugen und Vorbehalte aus dem Weg zu räumen. Um Vertrauen auf- und Distanzen abzubauen. Dazu ahmt man die Körpersprache des Gegenübers nach. Wenn er die Beine überkreuzt, überkreuzt man auch die Beine. Wenn er die Arme verschränkt, verschränkt man auch die Arme. Wenn man das eine Zeit lang macht, wird der Gesprächspartner immer mehr Vertrauen zu einem aufbauen. Man darf nur nicht plump und aufgesetzt vorgehen, sondern sollte unauffällig und vorsichtig sein. Sonst glaubt das Gegenüber, dass man ihn nachäfft. Und wir sind ja nicht im Tierpark Schönbrunn.

Die Spiegeltechnik funktioniert übrigens auch bei der Sprache. Das heißt, man kann die Sprechgeschwindigkeit, die Sprechweise, die Betonung und im Grunde alles, was die Sprache ausmacht, imitieren. Hier gilt ebenso:

vorsichtig und unauffällig vorgehen. Außerdem kann man Inhalte wiederholen. Paraphrasieren nennt man das. Aber man darf und soll es nicht übertreiben. Gelingt mir auch nicht immer, vor allem ist eine gelungene Imitation ja auch eine verlockende Anregung für Humor.

Man sagt natürlich nicht genau dasselbe noch einmal, weil das aufgesetzt wirken würde. Aber wenn jemand zum Beispiel meint: »Ich weiß nicht, wie ich das machen soll. Dieses Projekt ist kaum zu realisieren, nicht in der kurzen Zeit.« Dann versucht man, sich in ihn hineinzuversetzen und wiederholt, was er gesagt hat. Nur anders. »Sie glauben also, es könnte nicht fertig werden?« So vermittelt man den Eindruck, dass man verstanden hat, worum es geht. Darauf folgt das Verbalisieren. Dabei drückt man mit Worten aus, was der Gesprächspartner fühlt. »Das heißt, Sie befürchten, dass das nichts wird und haben Angst davor, dass Ihnen der Auftrag entzogen wird?« Das schafft Vertrauen. Das beruhigt. Das stärkt die Verbindung. Das bricht das Eis. Das sorgt für ein gutes Gespräch. Sogar dann, wenn es ganz offensichtlich ist, was der Gesprächspartner fühlt und man sich blöd vorkommt, wenn man es noch einmal wiederholt.

Beim Spiegeln geht es nicht darum, jemanden zu manipulieren. Sondern darum, eine verständnisvolle Verbindung herzustellen. Verstellen darf man sich dabei nicht, man muss – auch hier – authentisch bleiben. Das ist alles nicht so einfach. Einige Menschen spiegeln unbewusst und fast perfekt. Vielleicht macht man es sowieso schon, ohne es zu wissen. Ansonsten braucht man viel Übung, bis man die Technik beherrscht. Üben kann man jedes Mal, wenn man mit jemandem redet. Und was man dabei alles spiegeln kann, zeigt das KASSIS-Modell.

K steht für die Körpersprache. A steht für die Atmung. Denn sie zeigt den Rhythmus eines Menschen. Das erste S steht für die Stimme. Dazu gehören die Tonlage, die Lautstärke, der Rhythmus und die Geschwindigkeit. Das zweite S steht für die Stimmung, also die Gefühlslage des

Gegenübers. Das I steht für die Inhalte. Und das letzte S steht für die Sprache, also die Wortwahl. Wenn man all das spiegeln kann, ist der Kontakt optimal. Und je öfter man es übt, desto eher automatisiert sich die Technik.

Achtet man auf die Körpersprache, und wendet man die Spiegeltechnik an, hat man in Gesprächen einen klaren Vorteil. Denn man kann die wahren Gefühle des Gegenübers lesen und darauf reagieren. Man kann eine Verbindung herstellen und den eigenen Worten mehr Ausdruck verleihen. Natürlich muss man erst einmal mit jemandem ins Gespräch kommen. Und dann auch noch die richtigen Worte finden.

Die Behutsamkeit mit dieser Zwischenmenschlichkeit ist eine große Herausforderung, ich weiß. Bis einen jemand als freundlich, kompetent oder als wirklich sympathisch gespeichert hat, vergehen oft Wochen, Monate, mitunter Jahre. Könnte das jeder, würde es auch jeder tun. Einfach nicht aufgeben.

SMALLTALK UND GESPRÄCHE

»Und, gefällt es Ihnen gut hier?«

»Ja.«

»Sind Sie öfter auf solchen Veranstaltungen?«

»Nein.«

»Okay, ich ... muss dann los. Hat mich gefreut.«

Manchen Menschen fällt es leicht, auf andere Menschen zuzugehen, sie anzureden und dann ein lebendiges Gespräch zu führen, an das sich alle Beteiligten noch lange erinnern. Winston Churchill zum Beispiel. Andere sind eher schüchtern und wissen nicht so genau, wann sie was sagen sollen. Sie haben Angst, das Falsche zu sagen. Oder glauben, dass das, was sie zu sagen hätten, nicht interessant genug ist. Auch beim Smalltalk geht es darum, den Mittelweg zu finden.

Etwas zu sagen, aber nicht zu viel. Zuzuhören, aber nicht nur. Etwas von sich zu erzählen, aber nicht alles. Interesse zu zeigen und Fragen zu stellen, aber niemanden zu verhören. Themen anzusprechen, aber die richtigen. Klingt kompliziert, ist es eigentlich gar nicht. Nicht, wenn man diese Buch hat. Nicht, wenn man ein paar Tipps beachtet.

Die Annäherung. Einfach auf jemanden zugehen und etwas sagen. Das erfordert Mut. Und ist oft gar nicht so gescheit, weil einem dann unüberlegte Worte und Sätze über die Lippen kommen könnten, die einen falschen Eindruck vermitteln. Bevor man jemanden anspricht, sollte man sich also überlegen, was man überhaupt sagen will. Nicht nur der erste, auch der fünfte Satz ist entscheidend.

Ist man nicht so mutig, geht man am besten mit einer Begleitung zu einer Veranstaltung. Mit dem Partner oder einem Freund. Zu zweit traut man sich mehr, hat immer jemanden dabei, mit dem man sich unterhalten kann, muss nicht alleine herumstehen und kommt eher mit anderen Leuten ins Gespräch. Ist man vor jemandem da, den man kennt, oder traut man sich nicht, irgendwen anzureden, weil das womöglich peinlich ausschaut, kann man notfalls auch einmal ein Telefonat vortäuschen, dann steht man nicht da wie bestellt und nicht abgeholt. Aber man kann trotzdem Mut sammeln, um jemanden anzureden. Denn den ganzen Abend kann man nicht so tun, als würde man telefonieren. Außerdem wird einen niemand ansprechen, wenn man dauernd das Handy am Ohr hat.

Wer alleine auf einer Veranstaltung und schüchtern ist, der stellt sich am besten an einen Platz, an dem die Menschen vorbeigehen müssen. Oder an dem sie verweilen. Etwa an einen Stehtisch nahe dem Eingang, zum Buffet oder an die Bar. Der Stehtisch gibt Sicherheit, Halt. Und man kann sich, anders als bei einem normalen Tisch, einfach zu einer Gruppe gesellen.

Gut ist es in dem Fall, früh zur Veranstaltung zu gehen. Weil dann noch nicht so viele Gäste anwesend sind. Die Atmosphäre ist familiärer, und man kann fast nicht *nicht* mit jemandem reden. Oder man schaut sich nach Leuten um, die ebenfalls alleine sind. Die sind meistens ganz froh, wenn jemand sie anspricht. Der Rest ergibt sich von alleine. Tricks sollte man keinesfalls anwenden. Also niemandem auf die Zehen treten oder anschütten und dann sagen: »Oh, tut mir Leid, das wollte ich nicht. Übrigens, mein Name ist...« Das kommt gar nicht gut an. Was auch für Sprücheklopfer gilt. Deren Flirtversuche sind meistens schon sehr peinlich. Aber auswendig gelernte und aufgesetzt vorgetragene Sprüche sind bei Netzwerkveranstaltungen völlig fehl am Platz. »Du, Schöne, ich schreib gerade an einem Telefonbuch. Kann ich deine Nummer haben?« Nein, nein und nochmals nein. Anbraten hat hier nichts verloren. Sonst ist man sehr schnell als Hallodri, Playboy oder – für Frauen ganz schlimm – Venusfalle punziert.

Bei manchen Events, einem Galadinner zum Beispiel, sitzt man mit anderen Gästen an einem Tisch und muss sich früher oder später sowieso mit ihnen unterhalten. Hallo, wie geht's so, was machen Sie beruflich, wenn ich fragen darf, was halten Sie von diesem Abend und so weiter und so fort. Parlieren ohne Genieren.

Eine Herausforderung ist es, den potenziellen Geschäftspartner im Fitnessstudio anzusprechen. Ich trainiere übrigens bei John Harris Fitness, meistens im Studio am Schillerplatz. Da ist Fingerspitzengefühl gefragt. Viele wollen ihre Ruhe, während sie trainieren. Wenn also jemand gerade am Laufband schwitzt und außer Atem ist, hält man sich lieber zurück und wartet auf eine bessere Gelegenheit. Ich komme aber im Fitnessstudio immer wieder mit Leuten ins Gespräch. Von denen ich weiß oder merke, dass es sie nicht stört. Und es ist dann ein positiver Aspekt neben der sportlichen Betätigung. Man kann sich ja zum Beispiel gleich auf den ersten Stepper beim Eingang stellen. Im Fitnesscenter hat man den Vorteil, dass man sich zufällig trifft, was gleich unaufdringlicher wirkt. Was aber auch schwierig sein kann, weil man sich spontan überlegen muss, was man sagt. Da sollte man schon ein bisschen vorsichtig sein. Ich würde mich zum Beispiel nicht gleich vorstellen und den Cocktailsatz anbringen. Das ist irgendwie komisch im Fitnessstudio.

An der Reaktion sieht man dann, ob das Gegenüber reden oder in Ruhe gelassen werden möchte. Viele Menschen in Sportclubs wollen sogar angesprochen werden. Aber natürlich nicht überall. Beim Trainieren oder an der Bar schon. Grundsätzlich gilt: Man muss sich nur trauen, jemanden anzureden. Sich einmal überwinden. Es kann nichts Schlimmes passieren. Oder sagen wir fast.

Der Anfang. Der Einstieg eines Gesprächs ergibt sich meistens ganz von alleine. Entweder stellt man sich vor, oder man wird vorgestellt. So geht es los. »Guten Abend, mein Name ist .....« Bei geschäftlichen Veranstaltungen hängt die Reihenfolge von der Hierarchie ab. Zuerst begrüßt man den Chef. Oder, wie schon an anderer Stelle gesagt, man fängt mit dem an, den man kennt. Der Rangniedrigere stellt dann seine Begleitung vor, was der Ranghöhere danach ebenfalls macht. Grundsätzlich kann man zu jedem Menschen hingehen, kann jeden ansprechen, solange man nicht eine Konversation unterbricht. Habe ich aber leider selbst auch schon oft genug gemacht. Man kann jeden begrüßen und fragen, was er oder sie so macht. Und das sollte man auch. Denn was überhaupt nicht gerne gesehen ist: Wenn jemand nur mit den wichtigen Menschen redet und alle anderen ignoriert. Arroganz ist ein absolutes No-go. Hat man sich im Vorfeld gut überlegt, in welches Netzwerk man eintauchen möchte, dann hat man es so ausgewählt, dass man mit den meisten anderen Gästen die gleichen oder zumindest ähnliche Interessen teilt. Das bedeutet wiederum, dass man genügend Gesprächsthemen hat. Auf die Frage, was jemand macht, kommt also höchstwahrscheinlich eine Antwort, auf die man etwas sagen kann. Die das Gespräch ins Laufen bringt.

Wenn sich die Gelegenheit bietet, bringt man natürlich seinen Cocktailsatz an.

»Guten Tag, mein Name ist Christina Huber, ich habe ein IT-Unternehmen, und wir machen Homepages nach Maß, vom Design bis zu den Texten.«

Dazu ein kurzer, fester Händedruck. Im Idealfall sagt das Gegenüber dazu mehr als: »Na dann.« Und schon führt man ein Gespräch. Darüber, was man tut. Darüber, was der andere macht. Und darüber, wie man zusammenarbeiten könnte. Üblicherweise funktioniert das so in einem Netzwerk. Weil man, wie gesagt, die gleichen oder sehr ähnliche Interessen und Ziele hat.

Verlassen kann man sich darauf natürlich nicht. Auch nicht darauf, dass einfach jemand herkommt und mit einem reden will. Deshalb sollte man Initiative zeigen. Die meisten Menschen sind erleichtert, wenn sie nicht den ersten Schritt machen müssen. Klar, anfangs muss man sich überwinden, um auf jemanden zuzugehen, den man vielleicht gar nicht oder nur flüchtig kennt. Aber je öfter man das macht, desto leichter fällt es einem. Für mich ist das zu einem Reflex geworden. Ein automatisches Bedürfnis wie Atmen.

Je mehr Übung man hat, desto sicherer wird man sein. Das gilt für die gesamte Gesprächsführung. Und hat man jemanden schon einmal getroffen, kann man ihn natürlich auf diese Begegnung ansprechen. »Guten Tag, Herr Schuster, wir haben uns doch vor einem Monat beim Mobile Marketing Innovation Day kennengelernt. Josef Mantl. Schön, Sie wiederzusehen.« Nicken wird er und freundlich lächeln. Weil: Man hat die peinliche Überlegung überbrückt, ihm die Denkarbeit abgenommen. Er muss keine Synapsen mehr bemühen, und das erzeugt ein angenehmes Gefühl. Wie ein Wiedersehen unter alten Bekannten. »Ach ja, genau, fein. Was führt Sie denn her?« Bingo.

Und ja nicht auf Körperhaltung und Mimik vergessen. Mit einem Lächeln auf den Lippen wirkt man freundlich, positiv und offen. In der Hitze des Gefechts kommt einem das manchmal abhanden, und dann schaut man aus wie ein Statist im Horrorfilm. Also immer dran denken.

Auch Blickkontakt erleichtert den Einstieg erheblich und ist beim Gespräch selbst entscheidend. Ein Fremder registriert einen Blick übrigens erst nach etwa drei Sekunden. Anglotzen sollte man trotzdem niemanden. Und keine Abwehrhaltung. Die Hände also nicht vor dem Körper verschränken. Aber auch nicht einfach hängen lassen wie ein Insasse in einer Nervenklinik. Am besten, man hält sie locker in Höhe der Hüfte. Wer zu viele Gesten macht und mit den Armen herumfuchtelt, der wirkt nervös und unsicher. Man steht hüftbreit da und belastet die Beine gleichmäßig. Dann strahlt man Ruhe und Sicherheit aus. Sitzt man, beugt man sich leicht nach vorne zum Gesprächspartner und bekundet damit Interesse. Grundsätzlich gilt auch: Langsam und deutlich in kurzen Sätzen sprechen. Verständigungsschwierigkeiten gibt es nicht nur, wenn man die Buzzwords nicht kennt, sondern auch, wenn man einen stark ausgeprägten Dialekt hat. Ich hab nichts gegen Dialekte, ganz im Gegenteil. Aber man muss einander verstehen können. Manche Menschen klingen allerdings aufgesetzt, wenn sie versuchen, nach der Schrift zu reden. Das sollte man im Vorfeld üben. Sonst hört man sich an wie ein Übersetzungsprogramm im Computer.

Der Klassiker. Man hat sich also getraut, ist auf jemanden zugegangen und hat sich vorgestellt. Jetzt herrscht Stille. Vielleicht auch deshalb, weil man nicht über irgendetwas Belangloses sprechen will. Oder über etwas Offensichtliches. Nur keine Scheu, man kann schon auch übers Wetter reden. Man muss es nur geschickt machen und versuchen, dadurch auf ein anderes Thema zu kommen.

Zum Beispiel so:

»Das Wetter ist ja herrlich heute.«

»Ja, da steht man morgens gerne auf und läuft eine Runde.«

»Sie laufen also? Wo denn? Und wie oft?«

Und schon führt man ein Gespräch über Sport, das man wieder, wenn nötig, in eine andere Richtung lenken kann. Indem man zum Beispiel sagt, dass man beim Laufen einmal abschalten kann und den Kopf frei bekommt. Dann führt man ein Gespräch über die Arbeit, darüber, wie stressig es manchmal sein kann, oder darüber, wie man sich am besten entspannt.

Man kann auch so etwas sagen wie: »Vor einer Woche waren wir im Urlaub, da hatten wir auch viel Glück mit dem Wetter.«

Alleine aus Höflichkeit wird der Gesprächspartner fragen, wo man war. Mit der Zeit und etwas Übung entwickelt man ein Gespür für die Leute. Dafür, was sie interessiert. Dafür, worüber sie reden möchten. Und dann kann man das Gespräch jederzeit geschickt in die jeweilige Richtung lenken.

Tipp: Wenn eine Geschichte gut ankommt: Merke sie dir. Sie kann an anderer Stelle mit anderen Personen ein Bringer sein. »Stellen Sie sich vor, was mir gestern passiert ist ...« Hahaha. Ich selbst hab Standardgeschichten, die immer reingehen. Man darf sie nur nicht zweimal denselben Leuten erzählen. Sonst lachen sie nicht mit einem, sondern dich irgendwann aus.

Die Themen. Das Wetter ist sowieso der Klassiker unter den Smalltalk-Themen. Wer sich vorher über die Gäste informiert hat, hat natürlich mehr Gesprächsstoff. Geht nicht immer. Oft weiß man nicht genau, wer bei einer Veranstaltung anwesend sein wird. Oder es kommen so viele Menschen, dass man sich unmöglich auf alle vorbereiten kann. Ist aber gar nicht nötig. Man kann sich mit Wildfremden auch ganz gut unterhalten. Nicht nur übers Wetter, sondern unter anderem über den Veranstaltungsort. Oder über die gegenwärtige Situation, in der man sich gemeinsam befindet. Also über das Umfeld. Über das Haus, den Saal, das Essen. Darüber, warum man hier ist. Darüber, was einander verbindet.

Natürlich kann man auch über Geschäfte reden, wenn man sich besser kennt, und fragen, wie es gerade so läuft. Weiß man Details, kann man danach fragen. Etwa: »Sie haben mir letztens erzählt, dass die Prognosen fürs erste Quartal sehr gut sind. Ist alles so gekommen, wie Sie sich das vorgestellt haben?« Oder man fragt jemanden, wie seine Projekte gerade laufen, das ist immer ein guter Fixstarter für ein professionelles Gespräch.

Dann kann man schon einmal Reizthemen ansprechen. Den meisten Menschen taugt es, wenn sie über sich und das, was sie beschäftigt, reden können. Und überhaupt ist es ganz wichtig, Interesse zu zeigen und Fragen zu stellen. Und zwar möglichst offene. Solche, die man nicht nur mit einem Ja oder einem Nein beantworten kann. Solche, deren Antworten das Gespräch am Laufen halten. Wo man dann wieder einhaken kann. Weil man eine Gemeinsamkeit entdeckt. Weil man sich für etwas Gesagtes interessiert. Und wieder eine Frage stellt. Man muss nur aufpassen, dass das Gespräch nicht zu einem Verhör wird.

Die Tabuthemen. Reden kann man über Belangloses und Offensichtliches, über die Situation und das Umfeld, über Hobbys und den Job. Und dabei geht es immer darum, Gemeinsamkeiten zu finden. Es gibt aber auch Themen, über die man besser nicht spricht. Zumindest nicht, solange man jemanden noch nicht gut kennt. Über Religion und Politik vorsichtig und mit Fingerspitzengefühl. Über Geld vor allem in Österreich zurückhaltend. Über Personen, die beide kennen. Oder die nicht anwesend sind. Über Gerüchte, Tratsch, Klatsch und Krankheiten. Und es darf nicht gleich zu persönlich werden. Also keine Gespräche über Ehe und Partnerschaft, Probleme und Schicksalsschläge. Redet man darüber, gibt man zu schnell zu viel von sich preis und wird automatisch in eine Schublade gesteckt. Auch die Fettnäpfchen-Gefahr ist bei solchen Themen hoch. Außerdem können die Gespräche schnell zu Diskussionen werden und zu Streitigkeiten führen.

Aber nicht immer ist es so offensichtlich, was man sagen kann und was nicht. Ist man sich nicht sicher, behält man seine Meinung lieber für sich und fragt in einem Gespräch stattdessen: »Wie denken Sie darüber?« Lästereien sollte man tunlichst vermeiden. Nicht nur aus moralischen, sondern auch aus strategischen Gründen. In einem Netzwerk soll man sich nicht gegenseitig fertig machen.

Was nicht bedeutet, dass sich Leute nicht das Maul zerreißen. Natürlich redet man über die Fehler und Probleme anderer. Über ihr Auftreten, über Scheidungen und Affären, das ist menschlich. Bekommt man das mit, wird man vielleicht sogar in so ein Gespräch verwickelt, ist es das Gescheiteste, wenn man interessiert zuhört, aber nichts dazu sagt. Dann kann auch niemand einem was vorwerfen.

Die Gesprächsführung. Idealerweise hat man sich schon im Vorfeld auf die möglichen Gespräche vorbereitet. Hat sich überlegt, worüber man reden möchte. Wie das Gegenüber reagieren könnte. Und wie man selbst auf die Reaktion reagiert. Welche Fragen man stellt. Welche Antworten man gibt. Das ist nicht immer möglich, wenn man zu einer Veranstaltung geht. Vor allem dann nicht, wenn man jemanden spontan trifft. Bei jedem Gespräch ist es wichtig, echt zu bleiben, das wissen wir. Wer auf andere haha-witzig oder sonstwie aufgeplustert wirkt, und die Röntgenaugen der Gesellschaftsmenschen durchschauen das schnell, der verliert seine

Glaubwürdigkeit. Außerdem sollte man sich bei spontanen Treffen gut überlegen, was man sagt und nicht einfach drauf losplappern. Bevor man jemanden anspricht, formuliert man die ersten Sätze in Gedanken. Tipp: Ein Thema wählen, das schon erprobt ist und in dem man sich sicher wähnt. Fitness nach dem vielen Essen. Ein Urlaub als Pilgerreise. Ein fantastisches Buch. Ein Theaterstück von außerordentlicher Qualität. Eine saisonale Überraschung. Eine Meldung aus dem Radio. Das kuriose Vorkommnis eines Bekannten. Ein liebenswertes Missgeschick von gestern. Es muss eine Geschichte sein, die gut in Erinnerung bleibt, mit einem angenehmen Nachhall und keinem Schrei wie bei Edvard Munch.

Wenn man auf eine Frage antworten soll, zählt man am besten bis drei, bevor man etwas sagt. Das wirkt nicht dümmlich, sondern überlegt und kontrolliert. Besonders in Businessfragen. Entscheidend ist, dass man aktiv zuhört. Und so dem Gegenüber das Gefühl gibt, verstanden zu werden. Man muss versuchen, sich in den Gesprächspartner hineinzuversetzen und auf ihn einzugehen. Die Spiegeltechnik sorgt zusätzlich für Harmonie und stellt eine emotionale Verbindung her. Zusätzlich punktet man mit positiven Äußerungen, originellen Komplimenten, ehrlicher Anerkennung und ernst gemeintem Lob. Hat man etwas nicht verstanden, fragt man nach und zeigt damit nicht Inkompetenz, sondern viriles Interesse.

Redet jemand ohne Punkt und Komma, kann man ihn geschickt und höflich unterbrechen. Indem man zum Beispiel einen Bezug zu einem Thema herstellt, über das man sprechen möchte. »Ja, das verstehe ich. Übrigens, vorige Woche war ich ...« So kommt man auch selbst einmal zu Wort. Und dann fasst man sich kurz. Klare Sätze, keine Schnörkel und zu viele Fremdwörter, frei von Plunder und Ähs. Vor allem, wenn man ein Anliegen hat. Denn die Aufmerksamkeitsspanne der meisten Menschen ist nicht besonders lang. Und ein gutes Gespräch ist ausgeglichen. Man redet so viel, wie man zuhört.

Gegenseitiger Respekt ist sowieso Voraussetzung für jedes Gespräch. Auch wenn es nicht immer leicht fällt, den zu zeigen. Zum Beispiel, wenn Meinungen nicht miteinander vereinbar sind. Trotzdem sollte man jeden so behandeln, wie man selbst behandelt werden möchte und vorurteilsfrei in ein Gespräch gehen. Also: Ausreden lassen, versuchen, auch die andere Seite zu sehen und Verständnis zeigen. Das klingt nach Mutter Teresa in Kombination mit buddhistischem Gleichmut, ist aber machbar. Vor allem, wenn andere sehen, dass man sogar mit einem Ungustl oder einem Trampel zurecht kommt, dann gewinnt man Ansehen. Und schafft sich ganz nebenbei den Nimbus der Unerschütterlichkeit.

Die Körpersprache spielt hier ebenfalls eine Rolle. Der Respektabstand beträgt eine Armlänge. Kommt man dem Gesprächspartner näher, fühlt er sich womöglich bedrängt und unwohl. Trotzdem: Kritik ist erlaubt. Wer sich Respekt verdienen möchte, sollte seinen Standpunkt vertreten. Gespräche mit Ja-Sagern sind einseitig und schnell langweilig. Konstruktiv muss die Kritik freilich sein. Und seine Meinung, selbst wenn sie noch so krude ist, sollte man begründen können. Kritik muss man annehmen können und darf sie nicht in der Sekunde persönlich nehmen, sonst gilt man als Boxer mit Glaskinn.

Es geht auch eleganter. Immer. Wer innerlich ein Herr oder eine Dame ist, weiß wohl zu diskutieren. Es ist manchmal wie ein Duell mit dem Florett. Gehoben im Niveau, die Klingen gekreuzt, doch nie eine Abschlachtung, nie. Der leise Konflikt macht jedes Gespräch zur spannenden Diskussion.

»Bitte verzeihen Sie meine Offenheit, aber ich sehe das ein wenig anders.« Da wird einem jeder zuhören.

Was man außerdem keineswegs tun sollte: prahlen. Man kann schon selbstbewusst sagen, was man erreicht hat. Aber niemand unterhält sich gerne mit einem Angeber, der nur von sich in den höchsten Tönen redet. Was ganz gut ankommt, ist, wenn man ab und zu ein zur Situation passendes Zitat anbringen kann.

»Wie hat schon Frank Sinatra gesagt: Ein Prozent Glück bringt im Leben oft mehr als zehn Prozent Dividende.«

Hat man sich gut mit jemandem verstanden, tauscht man Visitenkarten aus und beendet das Gespräch freundlich mit einem Lächeln, einem kurzen, festen Handschlag und:

»Hat mich gefreut, gehen wir einmal was essen? Oder auf einen Kaffee?«

Es kann passieren, dass man mitten im Gespräch merkt: Oh je, nein, der Typ geht gar nicht. Hat vorher anders geklungen, aber man ist so was von überhaupt nicht auf einer Wellenlänge. Oder man hat den Eindruck, dass es spät geworden ist, und man nicht wegkommt, weil es unhöflich wäre, jetzt zu gehen.

Selbst, wenn das Gespräch interessant ist, ewig sollte es trotzdem nicht dauern. Smalltalk dauert nicht länger als zehn Minuten. Sonst ist es Bigtalk.

Danach geht man entweder in die Tiefe oder zu einem anderen Gesprächspartner. Und dann kann man zum Beispiel ehrlich sagen:

»Entschuldigung, ich verabschiede mich einmal, ich muss noch ein paar Leute treffen. Wir sehen uns später bestimmt wieder.« Gleich Tacheles reden also. Aber höflich. Und nicht schon nach zwanzig Sekunden. Oder man sagt freundlich: »Es würde mich freuen, wenn wir in Kontakt bleiben.«

Der Pitch. In einem Netzwerk soll man ja auch positive, berufliche Kontakte knüpfen. Ein Unternehmer will zum Beispiel etwas verkaufen. Ein Produkt. Eine Dienstleistung. Oder eine Idee. Und dafür hat man seine Elevator Speech. Man ist in der Lage die wichtigsten Fakten und Argumente, also die Kernaussagen, auf interessante Art und Weise innerhalb von 30 Sekunden auf den Punkt zu bringen. Man malt Bilder in den Gedanken der Zuhörer, verwendet Metaphern, erzählt Geschichten und macht ihnen klar, warum sie einen unterstützen müssen. Nicht sollen. Müssen. Aufs richtige Timing kommt es an. Man darf auf keinen Fall aufdringlich sein, Gespräche unterbrechen oder fünfmal nachfragen, wann jemand Zeit für einen hat. Ein Netzwerk ist nicht nur dazu da, um Geschäfte zu machen. Die Menschen wollen sich unterhalten, austauschen, amüsieren. Und sich nicht eine Verkaufsrede nach der anderen anhören. Es gibt nichts Schlimmeres, als Leute, die sich mit einem nur unterhalten, weil sie irgendetwas an den Mann bringen wollen. Vertriebler nennt man sie abschätzig. Weil sie ständig etwas vertreiben wollen. Vor lauter Gier und Geifer vertreiben sie letzten Endes ihre potenzielle Kundschaft.

Wenn man jemanden sieht, der einem weiterhelfen könnte, kann man schon hingehen und sagen: »Entschuldigung, haben Sie kurz Zeit?« Auf den Cocktailsatz folgt dann die Elevator Speech. Noch besser ist es, wenn man ein Gespräch langsam in die gewünschte Richtung lenkt, auf ein Stichwort wartet und dann loslegt. Das braucht Übung. Man muss locker bleiben, motiviert sein und Begeisterung zeigen. Außerdem darf man sich nicht aus der Ruhe bringen lassen. All das hat man sowieso schon geübt, und deshalb sollte es auch kein Problem sein. Hat man sich vorbereitet, kann nichts schief gehen. Das Schlimmste, was dann passieren kann, ist, dass jemand sagt:»Mhm, interessant, aber nichts für mich.« Ist nichts verhaut, man hat's zumindest probiert. Einfach abhaken und weitermachen.

Zeigt jemand Interesse, lädt man ihn zu einem weiteren Gespräch ein, um alle Details zu bereden. Schlussendlich, oder auch am Anfang – je nachdem, wann es besser passt –, überreicht man noch eine Project Card. Dann weiß die Person am nächsten Tag, wenn sie sie aus der Sakko- oder Handtasche holt, sofort, worum es geht. Sonst tauscht man einfach Visitenkarten aus. Sollte sich jemand nicht für das interessieren, was man zu sagen hat, muss man das akzeptieren. Ein gewisser Kampfgeist ist schon okay. Aber man muss auch wissen, wann man verloren hat. Trotzdem: Manchmal zahlt es sich aus, forsch zu sein. In meinen Anfängen als Jungunternehmer habe ich bei den Mitarbeitern von Personen, die für Projekte von mir einfach wichtig waren, nachgefragt, wann sie wo sind. Und dort hab ich sie dann abgepasst und kurz mit einem Thema konfrontiert. Damit sie das zumindest einmal hören und wissen, dass es das gibt. Das ist schon riskant, hat mich aber immer wieder weitergebracht. Frechheit siegt immer wieder.

Die Argumentation. Wer überzeugend und erfolgreich sein will, braucht gute Argumente. Er muss seine Behauptungen untermauern können und darf sich nicht von Gegenargumenten aus der Ruhe bringen lassen. Überzeugend kann man eine Behauptung nur dann begründen, wenn man Argumente findet, die nicht nur der Wahrheit entsprechen, sondern die der Zuhörer auch versteht. Das heißt: Man verwendet kurze Sätze und keine Fachbegriffe. Oder zumindest möglichst wenige. Je besser man eine Person kennt, desto eher kann man die Argumente auf sie und ihre Situation zuschneiden. Das ist nicht so einfach, weshalb man die Argumentation im Idealfall vorbereitet. Das heißt: Man schreibt sich alle Argumente auf, die einem einfallen.

Man überlegt sich, was jemand dazu sagen könnte, und was man ihm dann antwortet. Denn spontan fällt einem meistens nicht unbedingt das beste Argument ein. Im Gespräch sollte man aber auch unbedingt darauf eingehen, was das Gegenüber sagt. Das macht man am besten, indem man ihm teilweise recht gibt. Und dann mit einer Antwort kontert.

»Ja, das stimmt schon, absolut, aber ...« Das schafft Vertrauen und zeigt die eigene Kompetenz. Hat man sich gut vorbereitet, kann man die Gegenargumente teilweise dem Gesprächspartner sogar vorweg nehmen. Das heißt, man nennt sie selbst und entkräftigt sie dann. Angriff ist bekanntlich die beste Verteidigung.

»Sie denken jetzt wahrscheinlich, das ist riskant, und ja, das stimmt schon, aber ...«

Es kann natürlich passieren, dass man ein Gegenargument ausspricht, das dem Gegenüber nicht in den Sinn gekommen wäre. Trotzdem vermittelt man so den Eindruck, dass man an alles gedacht und auf alles eine Antwort hat.

Selbst wenn man in der Vorbereitung alle Argumente aufgeschrieben hat, heißt das nicht, dass man alle bringen muss. Am wichtigsten sind – die wichtigsten. Ein gutes Argument kann einen Gesprächspartner schon überzeugen. Viele schwache können ihn irritieren. Mit etwas Übung und einer guten Vorbereitung kann man ein Argument mehrmals wiederholen und es immer wieder in andere Formulierungen verpacken oder es aus verschiedenen Perspektiven beleuchten. Und es ist immer gut, noch ein Ass im Ärmel zu haben. Bringt man alle Argumente schon am Anfang eines Gesprächs, hat man für später keine mehr. Also beginnt man mit einem starken, darauf kann man einmal ein schwächeres bringen, und dann schließt man mit einem starken wieder ab. Ein großer Auftritt, ein denkwürdiger Abgang. So überzeugt man jeden. Wenn die Aussagen passen.

Argumente können verschiedene Ursprünge haben. Manche beruhen auf Zahlen und Fakten. Sie kann man überprüfen. Und zwar, dank Smartphones, jederzeit und überall. Zu viele solcher Argumente sollte man nicht einbauen, weil man sich nur wenige wirklich merken kann und sie das Gespräch nicht gerade beleben.

Außerdem ist es unklug, über die Maßen irgendwelche Experten oder Persönlichkeiten zu zitieren. So vermittelt man den Eindruck, dass man selbst keine Argumente gefunden hat und nur Gedanken repliziert. Da sind Argumente besser, die auf eigenen Erfahrungen und Erkenntnissen beruhen. Sind sie nachvollziehbar, stellen sich sofort eine emotionale

Bindung her. Der Zuhörer kann sich in sie hineinversetzen, sofern er ähnliche Erfahrungen gemacht hat. Sie sind nachvollziehbar.

»Sie haben sicher schon einmal erlebt, wie …« Oder: »Sie kennen das doch auch, wenn …« Man sollte sich gut überlegen, wie solche Sätze weitergehen, und wie wahrscheinlich es ist, dass der Zuhörer versteht, wovon man spricht.

Die Schlagfertigkeit. Schlagfertig muss man eigentlich nur sein, wenn man angegriffen wird. Das ist in einem Netzwerk nicht unbedingt üblich, kann aber vorkommen. Wenn es passiert, steht man meistens mit offenem Mund da und weiß nicht, was man sagen soll. Kaum ist die Situation vorbei, fällt einem plötzlich eine Antwort ein, die jeden sprachlos gemacht hätte. Zu spät. Schlagfertigkeit hat mit Schnelligkeit zu tun. Übrigens: Der Begriff kommt eigentlich aus dem Militärjargon. Eine Armee war dann schlagfertig, wenn sie sofort einsatzbereit war. Erst im neunzehnten Jahrhundert hat das Wort seine heutige Bedeutung bekommen. Schlagfertig ist man, wenn man nie um eine Antwort verlegen ist. Und das ist durchaus eine gute Eigenschaft. Vor allem bei Politikern. Winston Churchill war berühmt für seine Schlagfertigkeit. Lady Astor meinte bei einer Abendgesellschaft einmal zu ihm: »Wenn ich Ihre Frau wäre, würde ich Ihnen Gift in den Kaffee schütten.« Worauf der britische Premier antwortete: »Wenn ich Ihr Mann wäre, würde ich ihn trinken.«

Dass einem solche Konter spontan meistens nicht einfallen, liegt daran, dass man zu verkrampft nach ihnen sucht. Dadurch wird der Zugriff auf die nötigen Areale im Gehirn blockiert. Erst, wenn man sich wieder entspannt, fällt einem ein, was man hätte sagen können. Eine Möglichkeit ist, tief durchzuatmen, bis drei zu zählen und so die Blockaden zu lösen. Weil Verbalattacken meist nicht besonders kreativ und die Aussagen oft ähnlich sind, kann man sich im Vorfeld Antworten überlegen und sie aufschreiben. Gern geht es um das äußere Erscheinungsbild oder um Schwächen.

Wer selbstbewusst ist, lächelt darüber und ignoriert es einfach. Und das ist die beste Lösung. Man kann auch versuchen, das Gespräch in eine andere Richtung zu lenken oder den Spieß umzudrehen. Von Gegenangriffen rate ich auf jeden Fall ab. Besser ist es, Größe zu zeigen und den Angreifer so klein erscheinen zu lassen. Das ärgert ihn immer am meisten.

ÜBERSICHT:

Was man bei Gesprächen beachten sollte:

- » Sich auf mögliche Gespräche vorbereiten
- » Selbstbewusst auftreten
- » Auf die Körpersprache und die Mimik achten
- » Sich vorher überlegen, was man sagen will
- » Wenn möglich, eine Begleitung zu einer Veranstaltung mitnehmen
- » Rechtzeitig zu einem Event gehen
- » An einem Platz stehen, an dem die Gäste vorbeigehen müssen oder verweilen
- » Sich nach anderen Leuten umschauen, die alleine sind
- » Rücksicht auf die Privatsphäre anderer nehmen
- » Initiative zeigen und Leute ansprechen
- » Lächeln
- » Den Cocktailsatz und die Elevator Speech anbringen
- » Auf die Sprache achten
- » Auch über Belangloses und Offensichtliches reden
- » Das Gespräch in die richtige Richtung lenken
- » Offene Fragen stellen
- » Bewusst Pausen setzen
- » Aktiv zuhören
- » Niemanden verhören

- » Verständnis und Respekt zeigen
- » Vorurteilsfrei bleiben
- » Etwas von sich erzählen
- » Reizthemen vermeiden
- » Nicht lästern
- » Authentisch bleiben
- » Gemeinsamkeiten suchen und ansprechen
- » Kurze Sätze und verständliche Wörter verwenden
- » Ausreden lassen und jemanden nur wenn nötig höflich unterbrechen
- » Nicht prahlen
- » Nur konstruktiv kritisieren und Kritik auch annehmen
- » Visitenkarten austauschen
- » Sich höflich verabschieden
- » Das Gespräch, wenn es sein muss, geschickt beenden
- » Gute Argumente überlegen, nicht zu viele anbringen und immer ein Ass im Ärmel haben, das man zum Schluss ausspielen kann
- » Verbale Attacken am besten ignorieren oder schlagfertig kontern

Die Rede. In einem Netzwerk kann es immer wieder passieren, dass man eine Rede halten muss. Das beginnt manchmal mit einer Vorstellungs-Ansprache – »grüß euch, servus, liebe Freunde« –, wenn man neu in einem Netzwerk ist. Wobei: Man muss nicht. Man darf. Eine Rede vor Menschen zu halten, sich präsentieren zu können, das ist ein Privileg. Nicht jeder macht das gern. Und nicht jedem fällt das leicht. Natürlich ist es auch nicht so ohne. Bei einer Rede kann einiges schief gehen. Man kann den Faden verlieren, ins Schwitzen kommen, stottern, stürzen, die Zuhörer langweilen oder Blödsinn daherreden. Aber nichts davon passiert, wenn man sich ... äh ... hm ... naja ... also... was wollte ich eigentlich sagen? ... ach ja: wenn man sich vorbereitet hat.

Bei einer Rede kommt es gar nicht so sehr darauf an, was man sagt, sondern eher darauf, wie man es sagt. Untersuchungen haben gezeigt, dass die Körpersprache und die Stimme sehr viel ausmachen. Also: Selbstbewusst auftreten und deutlich sprechen. Wichtig ist, dass man auf die Zuhörer eingeht und die Rede ihnen und dem Anlass anpasst. Die Frage, die man sich stellen sollte, bevor man sie schreibt, ist also: Wer wird mir da gegenübersitzen? Und bevor man sie hält, übt man die Rede natürlich. Möglichst oft. Und möglichst vor Publikum, also Freunden und Kollegen. Bis man sie auswendig kann und nur noch Stichwortzettel braucht. Je seltener man darauf schauen muss, desto besser. Spickzettel haben halt doch was Semiprofessionelles. Wie Musiker, die bei *My Way* auf den Text schielen.

Eine Rede besteht aus drei Teilen: dem Anfang, dem Hauptteil und dem Schluss. Zuerst sagt man, was man sagen wird, gibt also einen kurzen Überblick. Danach sagt man, was man zu sagen hat. Und am Ende sagt man, was man gesagt hat, fasst also alles noch einmal kurz und knapp zusammen.

Bei einer Rede muss der Einstieg besonders ansprechend sein. Davon hängt es ab, ob das Publikum einem zuhört. Eine Geschichte aus dem eigenen Leben kann ein guter Einstieg sein, weil man so etwas Persönliches von sich preisgibt. Zwischendurch kommuniziert man ständig mit dem Publikum. Obwohl man der Einzige ist, der spricht. Mit rhetorischen Fragen klappt das ganz gut. Man kann zum Beispiel eine Situation schildern und dann sagen: »Kennen Sie das auch?« Das ist überhaupt gut: Erfahrungen einbauen. Erfahrungen, die die Zuhörer gemacht haben. Die jeder schon gemacht hat. So schafft man gleich eine Verbindung. Auch Metaphern hört man sich gerne an. Mit humoristischen Aussagen muss man schon wieder aufpassen.

Es ist besser, man legt es nicht drauf an, witzig zu sein. Ein bisschen (Selbst)Ironie schadet hingegen nicht. Und eine der wichtigsten Netzwerk-Regeln findet auch hier Anwendung. Authentisch bleiben. Nicht über ein Thema reden, von dem man keine Ahnung hat. Nichts sagen, was man nicht auch so meint. Das Publikum durchschaut das.

Und dann kommt das große Finale. Davon hängt es ab, wie die Zuhörer die Rede bewerten. Und wie sie sie in Erinnerung behalten werden. Zum Schluss sollte man also noch einmal Gas geben, es aber auch nicht übertreiben.

Damit man nicht aus der Puste kommt, muss man richtig atmen. Auch das kann man üben.

> Einatmen, beim Ausatmen sprechen, kurze Pause.

> Einatmen, beim Ausatmen sprechen, kurze Pause.

Vor der Rede prägt man sich die Technik und den Rhythmus ein, indem man zum Beispiel die Wochentage aufsagt.

Einatmen, beim Ausatmen sagt man: »Montag.« Kurze Pause. Und so weiter. Zwischendurch hebt man die Stimme.

Das heißt: Man wird innerhalb eines Satzes lauter und zum Ende hin wieder leiser. So wirkt das Gesagte gleich viel lebendiger. Betont man das Ende eines Satzes, haben die Zuhörer hingegen das Gefühl, als wolle man noch etwas sagen. Als wäre der Satz unvollständig. Kurz sollte er sein. Dann ist er auch leichter verständlich.

Zur Formulierung: Was nicht so gut ankommt, sind Verben, die man zu Substantiven macht.

Zum Beispiel:

»Das neuerliche Überprüfen der Zahlen hat kein anderes Ergebnis gebracht.«

Besser: »Man hat die Zahlen noch einmal überprüft, das Ergebnis hat sich aber nicht geändert.«

Auch schlecht: Passiv.

»Das Projekt wurde von unseren fleißigen Mitarbeitern realisiert.«

Besser: »Unsere fleißigen Mitarbeiter haben das Projekt realisiert.«

Eine aktive Sprache hört sich besser an und ist leichter verständlich.

Außerdem sollte man nicht mit Fachbegriffen um sich schmeißen. Ich verstehe schon, dass das immer ganz gescheit wirkt. Aber davon hat man nichts, wenn niemand zuhört.

Sollten Sie Hilfe beim Schreiben (Substantiv!) brauchen – Freunde von mir helfen Ihnen dabei: www.schreibseminar.at.

Nicht nur die Sätze, sondern die ganze Rede sollte eher kurz sein. Zehn bis maximal fünfzehn Minuten. Das reicht. Das ist genug Zeit, um die Kernaussagen unterzubringen. Und auch wenn die Zuhörer eine Rede gar nicht so sehr nach dem Inhalt bewerten, sollte man sich trotzdem gut überlegen, was man überhaupt sagen möchte. Dazu macht man sich am besten eine Mindmap. In die Mitte eines leeren Zettels schreibt man das Thema. Zum Beispiel: Netzwerken. Und dann zieht man Linien und schreibt an die Enden, was einem dazu einfällt. Clubs, Vereine, Internet, Umgangsformen und so weiter. Und schon weiß man, was man alles sagen könnte. Meistens ist das so viel, dass man stundenlang reden könnte. Deshalb konzentriert man sich auf die wichtigen Themen und radiert die eine oder andere Linie wieder aus. So bleibt am Schluss die Kernaussage übrig, die Essenz.

ÜBERSICHT:

Was man bei einer Rede beachten muss:

- » dramaturgischer Aufbau: guter Einstieg, denkwürdiges Ende
- » sich fragen: Wer ist das Publikum? Was will ich sagen?
- » Anekdoten einbauen
- » selbstironisch sein
- » mit dem Publikum kommunizieren, rhetorische Fragen, Erfahrungen und Metaphern verwenden
- » auf die Körpersprache, die Stimme und die Aussprache achten
- » mit Humor vorsichtig umgehen
- » authentisch bleiben
- » kurze Sätze und möglichst wenig Fachbegriffe verwenden
- » keine substantivierten Verben, kein Passiv
- » auf die Atmung und auf die Betonung achten
- » wenn möglich nicht länger als 15 Minuten reden
- » die Rede immer wieder üben

DIE NACHBEARBEITUNG

DIE KONTAKTPFLEGE

Man war jetzt auf einer Veranstaltung oder bei einem Geschäftsessen. Man hat interessante Leute bei einer Podiumsdiskussion, in einem Club, Verein oder im Fitnessstudio kennengelernt. Man hat Gespräche geführt, vielleicht sogar seine Ideen präsentiert, hat Verbündete gefunden, womöglich schon Allianzen gebildet und auf jeden Fall Visitenkarten ausgetauscht. Super gemacht, gratuliere!

Die Visitenkarten sollte man gleich einmal ordnen, wenn man wieder zuhause ist. Spätestens am nächsten Tag. Und auf jeden Fall, solange man sich noch gut an die Menschen und die Gespräche erinnern kann. Dann schreibt man noch dazu, worüber man sich mit wem unterhalten hat. Keypoints kann man auch direkt auf die Visitenkarte schreiben. Von offline zu online, eine Visitenkarte sollte man sich unbedingt zulegen, und mit deren Infos kann man dann gut digital und real kommunizieren. Jeder kann eine Visitenkarte haben. Nicht nur eine Firma, Agentur oder ähnliches. Namen, Job, Anschrift, Telefonnummer, E-Mailadresse,

Homepage, besprochene Themen et cetera. Ich schreibe immer dazu, wann man wen wo getroffen hat. Also Ort und Zeit. Damit bleibt jedes Treffen mit jedem Menschen noch besser in Erinnerung. Und es ist immer lustig, wenn man es nach ein paar Jahren wieder anschaut. Meistens zufällig, wenn man mit jemandem plötzlich wieder intensiver in Kontakt ist. Und es ist sympathisch und ein schönes Bonmot, wenn man dann gleich erwähnen kann: „Ja, damals hatten wir uns ja dort kennengelernt." Das ist immer ein persönliches Merkmal, und man schmunzelt selbst oft über viele Erinnerungen oder staunt darüber, wie viele Jahre etwas schon her ist.

Jedenfalls, schreibt man die Kontakte in eine Datenbank, kann ein Datensatz zum Beispiel so ausschauen:

NAME	Claudia Grasslober
JOB	IT-Expertin
ANSCHRIFT	Fuchsthallergasse 32, 1090 Wien
TELEFONNUMMER	0664/1234567
E-MAILADRESSE	office@grasslober.at
HOMEPAGE	www.grasslober.at
BESPROCHENE THEMEN	Computer, Internet, Web 2.0
ORT	Offiziersball, Hofburg
ZEIT	16. Jänner 2015

Man kann die Kontakte auch nach Branchen ordnen, wenn es mehrere gibt. Ich mache das so und habe zum Beispiel ein Segment für Wirtschaft, eines für Innovation, für Verwaltung, für Politik, für Wissenschaft, für Szene und Party und so weiter. Einen Newsletter kann man so ganz gezielt an die entsprechenden Menschen verschicken. Aber wie man es einteilt, bleibt natürlich jedem selbst überlassen.

Bei seinen Kontakten soll man sich immer wieder melden. Was man schreibt, hängt von den geführten Gesprächen ab. Vielleicht bittet man um einen Termin, trifft sich zu einem Essen oder schreibt nur so etwas wie: »Guten Tag Frau Grasslober, es war sehr nett, Sie gestern kennengelernt zu haben.« Ganz unverbindlich ist zum Beispiel ein Termin zu einem Kaffee, zum Frühstück oder zum Mittagessen. Ein Abendessen ist oft zu intim für ein erstes Treffen. Und das dauert auch mindestens drei Stunden, damit muss man rechnen.

Was man grundsätzlich auch machen kann, und ich tue es oft: Ich besuche Leute in ihrem Büro. Natürlich nicht einfach so. Man kündigt sich an und macht einen Termin aus. Das funktioniert meistens ganz gut. Natürlich kann man umgekehrt jemanden zu sich in sein Büro einladen. Spontan sollte man nur wen besuchen, den man schon besser kennt.

Bei der Kontaktpflege ist es wichtig, dass man nicht zu forsch ist und niemandem auf die Nerven geht. Man sollte an eine Person nicht mehr als eine E-Mail pro Woche verschicken. Es sei denn, in der Antwort steht etwas, auf das man reagieren kann. Und man sollte Einladungen nicht an alle versenden, sondern nur an die, von denen man glaubt, dass es sie interessiert. Alle anderen werden einen früher oder später aus den Kontakten löschen, und die E-Mails landen dann ungelesen im Junk-Mail-Ordner.

Wie immer muss man in allen Kommunikationssituationen, ob real oder digital, Fingerspitzengefühl beweisen. Das betrifft auch die Facebook-Freundschaftsanfragen. Hier gibt es verschiedene Meinungen und Auffassungen. Manche würden vielleicht sagen, eine Anfrage nach erstmaligem Kennenlernen wäre zu forsch. Aber meine Erfahrung ist, dass man im Kontaktmix nach einem persönlichen Kennenlernen sofort eine E-mail schreibt, auf Facebook eine Freundschaftsanfrage und Xing- und LinkedIn-Requests schickt oder diese bekommt. Schon noch zurückhaltender ist dieses Prozedere, wenn man sich noch gar nicht persönlich getroffen hat. Und das finde ich auch das Schöne daran. Der Mensch ist ein soziales Wesen, und der, der die Extrameile des persönlichen Netzwerkens geht, wird dann auch mit einem stärkeren digitalen Netz belohnt.

Die Datenbank sollte man laufend überprüfen und einmal im Jahr eine Art Frühjahrsputz machen. Das ist so, als würde man seinen Kleiderschrank ausräumen. Weniger ist mehr. Quality Data statt Big Data.

DIE GESCHÄFTLICHEN FREUNDSCHAFTEN

Die sozialen Netzwerke und der immer häufigere Gebrauch des Du-Worts haben dazu geführt, dass aus Geschäftspartnern oft ganz schnell Freunde werden. Sobald man auf Facebook befreundet ist, ist man gleich vertrauter miteinander. Weil man private Informationen von jemandem bekommt, die man in der analogen Welt nicht erhalten hätte. Und das wirkt sich dann auf das reale Leben aus. Berufs- und Privatleben vermischen sich immer wieder. Da redet man bei einem Geschäftsessen über die Kinder. Da fragt man auch einmal nach, wie es der Gattin geht. In solchen Fällen muss man sich an eine alte Regel halten. Strenge Rechnung, gute Freunde. Die Freundschaft darf bei einem Geschäft keine zu große Rolle spielen. Kann man die beiden Bereiche nicht trennen, ist das Risiko hoch, dass die Beziehung früher oder später daran zerbricht. Beim Geld hört sich so manche Freundschaft auf. Und ich sage gar nicht, dass man mit einem Geschäftspartner nicht auch befreundet sein kann. Combining business and pleasure ist erlaubt, solange man niemanden ausnutzt und von niemandem ausgenutzt wird. Alles eine Frage der Balance.

Mundpropaganda ist ungebrochen ein wichtiger Businessfaktor. Sowas freut einen natürlich. Jemand findet das, was genau *du* tust, großartig und empfiehlt dich weiter. Diese Entwicklung ist gerade im Aufwind. Das hat auch damit zu tun, dass es eine gewisse Unsicherheit gibt und man wieder auf Tugenden wie Ehre und Loyalität vertraut. Auf Handschlagqualität.

DIE VERHANDLUNG

Bei so vielen Kontakten und Terminen ist es nur eine Frage der Zeit, bis man mit jemandem an einem Tisch sitzt und verhandelt. Und das ist nicht so einfach. Manche Menschen verkaufen sich unter ihrem Wert, andere verlangen zu viel. Wie eine Verhandlung abläuft, hängt von verschiedenen Kriterien ab. Zum Beispiel davon, wie sehr der potenzielle Geschäftspartner das will, was man anbietet. Will er es unbedingt, wird er konstruktiv verhandeln. Wenn nicht, wird er sich auf nichts einlassen. Das heißt, bevor man verhandelt, sollte man sich einmal überlegen, wie wichtig es für den Partner ist, dass eine Vereinbarung zustande kommt.

Daran kann man erkennen, ob er sich auf Kompromisse einlässt oder nicht, wie weit man gehen und was man fordern kann. Man sollte auf eine Win-Win-Konstellation hinarbeiten. Das heißt, man schafft eine Situation, die so interessant, so gut (oder gut durchdacht) ist, dass der Verhandlungspartner verrückt wäre, das Geschäft *nicht* zu machen. Es geht immer um den Mehrwert. Das Gegenüber muss das Gefühl haben, *etwas* zu gewinnen.

Die eigenen Vorteile kennt man natürlich, die Vorteile für den Geschäftspartner muss man sich vorher bewusst machen, damit man sie gegebenenfalls anbringen kann. In der Vorbereitung muss man alle wichtigen

Informationen und Argumente zusammentragen und einstudieren. Dafür braucht man Zeit. Einen Termin macht man so aus, dass man sich perfekt vorbereiten kann.

Dabei überlegt man, welche Folgen welche Entscheidungen haben können. Manchmal geht es um viel Geld. Und zumindest geht es immer um die eigene Zukunft. Entscheidungen sollte man deshalb nicht überstürzt fällen. Ist man sich nicht sicher, ob man sich auf etwas einlassen soll, darf man sich keinesfalls unter Druck setzen lassen – und kann guten Gewissens um Bedenkzeit bitten. Ein seriöser Geschäftspartner, der mit einem zusammenarbeiten will, wird sie einem gewähren.

Bei Verhandlungen ist es entscheidend, dass man die Motive des Partners versteht. Man wendet die Frage-Technik an. Warum wollen Sie das? Wieso ist das kein Kompromiss für Sie? Was kann ich tun, damit Sie zustimmen? Manchmal spielen auch persönliche Motive eine Rolle. Eventuell will jemand nur etwas, um sich etwas zu beweisen. Oder um einen Konkurrenten auszustechen. Oder um Ansehen zu gewinnen. Diese Motive verstecken sich gern zwischen den Zeilen. Aber wer sie lesen kann, kann auf sie eingehen und sie bei der Vereinbarungs-Findung berücksichtigen.

Und es kann auch sein, dass man jemanden kennenlernt, der zwar vielleicht etwas zu sagen hat, aber die wichtigen Entscheidungen nicht treffen darf. Das muss man immer bedenken, sonst pocht man auf etwas, das das Gegenüber gar nicht bieten darf.

Dass man bei Verhandlungen freundlich und höflich sein sollte, ist sowieso klar. Auch, dass man auf die Körpersprache achtet. Wenn man nicht nur seriös ist, sondern auf den Geschäftspartner auch so wirkt, wenn man sich in ihn hineinfühlt und ein Lächeln auf den Lippen hat, dann kann er einem nicht so leicht etwas abschlagen. Und wenn man das Gefühl hat, dass man sich nicht einigen wird, kann man das ruhig sagen. Sogar kurz vor dem Handshake. Elegant macht man das, indem man so etwas sagt wie: »Also dieser eine Punkt, über den muss ich noch nachdenken.« Es ist immer noch besser, einen Geschäftspartner zu verärgern, als die eigene Zukunft zu riskieren.

Im besten Fall streckt man die Hand aus und besiegelt den Deal.

DIE BEWERBUNG

Die Verhandlungstipps kann man klarerweise auch bei Bewerbungsgesprächen einsetzen. Baut man ein Netzwerk mit dem Ziel auf, einen neuen Job zu finden, und macht man alles richtig, wird man früher oder später zu einem Bewerbungsgespräch eingeladen. Oder man wird vermittelt.

Hat man den potenziellen, künftigen Chef schon kennengelernt und sich gut mit ihm verstanden, ist das von Vorteil, heißt aber nicht, dass man die Bewerbung auf die leichte Schulter nehmen kann. Quasi dass man sowieso schon eingestellt ist. Dass man nicht trotzdem das ganz normale Tamtam durchmachen und sich exzellent vorbereiten muss. Dazu einige Tipps.

Eine Bewerbung beginnt nicht erst mit dem Gespräch. Am Anfang ist das Bewerbungsschreiben. Einleitend stellt man sich vor und schreibt, wofür man sich bewirbt. Außerdem erwähnt man, dass man sich schon einmal getroffen hat, wenn dem so ist. Oder wie man dazu kommt, sich zu bewerben. Also zum Beispiel:

> »Mein Name ist Dominik Steiner, wir haben uns vergangene Woche bei der Veranstaltung Startup Live Vienna kennengelernt und uns über einen freien Posten in Ihrem Unternehmen unterhalten. Hiermit möchte ich mich dafür bei Ihnen bewerben.«

Oder eben:

> »Mein Name ist Dominik Steiner, ich habe vergangene Woche Frau Thurnbichler kennengelernt. Sie hat mir von einer freien Stelle erzählt, für die ich mich hiermit bewerben möchte.«

Außerdem bekundet man Interesse für die Position und zeigt Motivation.

Im Hauptteil führt man das näher aus. Warum man der optimale Kandidat ist. Dass man die Anforderungen erfüllt. Dass man eine schnelle Auffassungsgabe hat und Neues innerhalb kurzer Zeit lernen kann. Dass man den Herausforderungen gewachsen ist und sich auf sie freut. Und was sonst noch so auf einen zutrifft. All das kommt in den Hauptteil.

Und zum Schluss schreibt man noch so etwas wie:

> »Ich würde mich sehr über eine Einladung zu einem persönlichen Gespräch freuen und stehe Ihnen dazu gerne zur Verfügung. Mit freundlichen Grüßen, Dominik Steiner.«

Leserlich unterschreiben, fertig.

Natürlich ist jedes Unternehmen anders. Manche wollen eher standardisierte Sätze lesen, andere legen Wert auf Kreativität. Aber alle lesen gerne kurze, klare Sätze ohne Rechtschreib- oder Grammatikfehler. Ein gutes Bewerbungsschreiben ist nicht länger als eine Seite. Schriftgröße 12.

Zum Lebenslauf: Hier gibt es zwei Möglichkeiten. Die klassische und die amerikanische Variante. Bei der klassischen beginnt man in der Vergangenheit und endet mit der Zukunft, bei der amerikanischen macht man es umgekehrt. Das ist auch sinnvoll, weil der Leser gleich sieht, was man zuletzt gemacht hat. Aufgeführt wird alles, was wichtig ist. Jeder Job, jede Ausbildung, jeder Kurs. Bei besonderen Kenntnissen schreibt man dazu, wie gut man sie beherrscht. Englisch (fließend). Microsoft Office (gute Kenntnisse).

Lücken sollte der Lebenslauf möglichst keine haben. Und wenn, dann sollte man sie erklären können. Empfehlungsschreiben sind natürlich ungebrochen wichtig. Es kann sein, dass man eine Person auf einer Veranstaltung kennenlernt und sich so gut mit ihr versteht, dass man Bewerbungsschreiben und Lebenslauf nicht vorab schicken muss, sondern gleich zu einem Gespräch eingeladen wird. Trotzdem sollte man alles mitnehmen und vorher noch eine kurze E-Mail schreiben, um sich den Termin bestätigen zu lassen.

Beim Gespräch kann man so viel falsch machen. Und niemand weiß das besser als die Manager. Der Personaldienstleiter Robert Half hat eine Umfrage unter 200 Personalmanagern in Deutschland durchgeführt und dabei die größten Fehler der Bewerber entlarvt.

Viele reden zum Beispiel zu wenig über die eigenen Kompetenzen und Erfahrungen. Und viele bereiten sich nicht gut genug vor. Die Berufserfahrung spielt dabei nur eine Nebenrolle. Fast die Hälfte der befragten Manager meint, dass sich die Bewerber zu wenig auf die eigenen Fähigkeiten fokussieren. Immerhin 38 Prozent der Personalisten vermissen das auch bei Leuten mit mehr als fünf Jahren Berufserfahrung. Der zweithäufigste Fehler: die fehlende Auseinandersetzung mit dem Unternehmen. Und der dritthäufigste: Viele Bewerber befassen sich zu wenig mit den eigenen Karriereplänen und -zielen. Das heißt, dass sich viele Menschen nicht gut verkaufen.

Vor allem Frauen tun sich schwer damit. Sie konzentrieren sich oft eher darauf, was sie nicht können und sind zu bescheiden. Erfüllen sie acht von zehn Kompetenzen, sagen sie: »Ja, aber das und das kann ich nicht so gut.« Sie betonen ihre Schwächen, während Männer sie überspielen und sich auf die Stärken konzentrieren. Ein gesundes Selbstbewusstsein und eine gute Vorbereitung sind bei jedem Bewerbungsgespräch entscheidende Kriterien. Ein perfekter Lebenslauf und beeindruckende Empfehlungsschreiben genügen nicht. Das Gesamtpaket muss passen. Und daran kann man arbeiten.

Für ein Bewerbungsgespräch holt man das Geschäftsoutfit aus dem Kleiderschrank. Herren tragen Anzug, Damen am besten ein Business-Kostüm. Verkleiden sollte man sich nicht. Wichtig ist, dass man sich wohlfühlt. Trotzdem: Mit zerrissenen Jeans und Flip-Flops geht man nicht zu einem wichtigen Termin. Bei modernen Unternehmen kann man die Krawatte eventuell weglassen, in der Kommunikations-, Medien-, Agentur-, Kreativ- und Digitalszene fast immer. Wer sich vorab über das Unternehmen informiert hat, kann es normalerweise ganz gut einschätzen und weiß, ob es eher eines konservativen Outfits bedarf, oder ob man etwas lockerer daherkommen kann. Wie auch immer, zu spät sollte man nie erscheinen. Aber auch nicht mehr als zehn Minuten zu früh.

Schon auf dem Weg ist man besser zu jedem freundlich. Es kommt nicht nur in Filmen vor, dass man auf der Straße irgendjemanden anschnauzt, dem man dann beim Gespräch plötzlich gegenüber sitzt. In der Firma angekommen, trifft man meistens nicht gleich auf den Personalleiter oder Chef. Man wird üblicherweise von einer Sekretärin oder einem Portier begrüßt. Und vielleicht wird man da schon bewertet. Oder spricht mit einem künftigen Kollegen. Deshalb: Immer freundlich, nett und offen sein. Das gilt für jeden Tag. Unfreundliche Menschen sollten daheim bleiben und mit sich selber chatten.

Irgendwann kommt man dann in ein Büro. Dort sitzen naturgemäß mehrere Leute, die einen kennenlernen wollen. Und die begrüßt man, wenn sie nicht den Anfang machen, einfach der Reihe nach. Kurzer, fester Handschlag. Vorstellung. Lächeln. Oft fragt dann jemand, ob man etwas trinken möchte. Wer will, darf gerne etwas bestellen. Aber bitte keinen Cappuccino mit laktosefreier Milch und Schokostreuseln. Keinen frisch gepressten Orangensaft ohne Fruchtfleisch. Auch keinen Jägermeister. Sondern einen Kaffee. Oder ein Glas Wasser. Keine Spezialwünsche, keine Extrawürste. Das wäre unhöflich und würde keinen guten Eindruck machen.

Anfangs lockern Chefs die angespannte Situation mit etwas Smalltalk auf. Darauf sollte man eingehen. Gefragt sind aber keine halblustigen Anekdoten vom letzten Urlaub. Aber man soll sich aktiv am Gespräch beteiligen, etwas erzählen und auf das Gesagte reagieren. Das macht nicht nur einen guten Eindruck, sondern entspannt die Lage beim Warm-up zum Verhör. Bevor es ans Eingemachte geht. Dann gilt: Ruhe bewahren. Gelassen bleiben. Selbstbewusst auftreten. Und überlegt handeln.

Wenn man etwas gefragt wird und nicht gleich eine Antwort parat hat, denkt man kurz darüber nach. Man kann sich gut, aber nicht immer auf alles vorbereiten. Wer sich Bedenkzeit nimmt, strahlt Besonnenheit aus. Deshalb schadet es auch nicht, kurz über die Antwort nachzudenken, selbst wenn man sofort weiß, was man sagen möchte. Eine durchdachte Aussage wirkt viel selbstbewusster. Apropos: Die eigenen Stärken und Fähigkeiten sollte man möglichst betonen. Man kann sie in berufliche Geschichten verpacken. Zum Beispiel: »Ich kann gut mit Stress umgehen. Vor etwa einem Jahr musste ich eine Präsentation für den Vorstand innerhalb eines Tages vorbereiten und sie dann auch halten. Und das neben dem täglichen Geschäft. Natürlich war das nicht einfach, aber ich habe es geschafft, und über die Zufriedenheit der Damen und Herren habe ich mich sehr gefreut.«

In jedem Fall bereitet man die Antworten auf die gängigsten Fragen vor. Und die sind:

Was können Sie mir über sich erzählen? Jetzt sollte man nicht seine ganze Lebensgeschichte vortragen. Wenn es wichtig ist, kann man zum Beispiel schon sagen, wo man aufgewachsen ist. Aber viel mehr geht es darum, die Eckpunkte, die wichtigen Stationen seines Lebens zu erläutern. Natürlich sind hier vor allem berufliche Meilensteine gefragt, die einem zu dem gemacht haben, der man heute ist.

Warum haben Sie sich bei uns beworben? Auf diese Frage kann man sich vorbereiten, indem man sich mit der Firmengeschichte und -philosophie beschäftigt und sich überlegt, was der eigenen Einstellung, den eigenen Plänen und Zielen entspricht. Man zieht also Parallelen zu den eigenen Stärken und Interessen. Und hat dann auch schon eine Antwort auf die Frage: *Was wissen Sie eigentlich über unser Unternehmen?*

Warum wollen Sie Ihre derzeitige Anstellung aufgeben? Ob man sprunghaft ist. Ob man schnell aufgibt. Ob es Konflikte gibt. Das will der potenzielle Chef mit dieser Frage herausfinden. Am besten antwortet man: »Ich möchte mich weiterentwickeln und suche neue Herausforderungen.« Und die Herausforderungen sollten dann natürlich zur Stellenausschreibung passen.

Warum haben Sie sich für diesen Beruf entschieden? Darauf antwortet man lieber nicht: »Mir ist nichts Besseres eingefallen.« Auch ungeeignet: »Wegen des Geldes.« Man muss den Eindruck vermitteln, dass der Beruf eine Berufung ist. Dass man ihn gerne macht. Man muss Einsatz und Begeisterung zeigen.

Wo sehen Sie sich in fünf Jahren? Das fragen Chefs gerne, weil sie wissen möchten, ob man einen Plan für sein Leben hat. Ob man sich Gedanken um seine Zukunft macht. Ob man Ziele hat. Die Antwort sollte suggerieren, dass man nicht sprunghaft, aber doch flexibel ist. Dass man loyal, aber offen für Neues ist.

Warum sind Sie der beste Kandidat für die Stelle? Im Grunde antwortet man auf diese Frage gleich, wie auf die Frage, warum man sich bei diesem Unternehmen beworben hat. Das heißt: Man betont seine Stärken und Qualifikationen und verbindet sie mit dem, was die Firma sucht, beziehungsweise mit dem, wofür sie steht. Kann man sich mit der Philosophie des Unternehmens identifizieren, und bringt man das auch zum Ausdruck, ist das ein großer Vorteil.

Eine ähnliche Frage ist: *Warum sollten wir ausgerechnet Ihnen den Job geben?* Die Antwort ist dieselbe. Aber wird die Frage so gestellt, will man testen, wie jemand in einer Stresssituation reagiert. Doch die entsteht erst gar nicht, und man kann ganz cool bleiben, hat man die Antwort vorbereitet.

Was sind Ihre Stärken und Schwächen? Um diese Frage optimal zu beantworten, braucht man ein gesundes Selbstbewusstsein. Man darf nicht prahlen, sich aber auch nicht kleiner machen, als man ist. Stärken, die jeder gerne hört, sind: Zuverlässigkeit, Stressresistenz, hohe Belastbarkeit, gute Auffassungsgabe, Aufgeschlossenheit, Teamfähigkeit, Führungsfähigkeit. Was man antwortet, hängt von den tatsächlichen Stärken und von der ausgeschriebenen Position ab. Bei den Schwächen ist man lieber nicht zu ehrlich. Aber jeder Mensch hat welche, und man muss sie nicht verstecken. Nur abschwächen. Zum Beispiel: »Manchmal bin ich etwas zu ungeduldig.« Oder man sagt so etwas wie: »Mein Business-English ist gut, aber ich mache einen Kurs, um mich laufend zu verbessern.« Das zeigt, dass man engagiert ist, was wiederum eine Stärke ist.

Wie viel würden Sie gerne verdienen? Das ist eine sehr heikle Frage. Will man zu viel, wirkt man gierig. Will man zu wenig, verkauft man sich unter Wert und wirkt unsicher. Am besten informiert man sich vor dem Gespräch über branchenübliche Gehälter und antwortet dann vage: »Im Jahr möchte ich ungefähr 35.000 bis 40.000 Euro verdienen.« Ob das realistisch ist, und ob einem die Gehaltswünsche erfüllt werden können, hängt von der Größe des Unternehmens ab. Darauf sollte man achten, wenn man sich die Antwort überlegt. Und zu stur sollte man nicht sein. Am besten fügt man hinzu: »Ich bin aber gerne bereit, darüber zu verhandeln.« Auf jeden Fall sollte man sich vorher überlegen, wie man seine Gehaltsforderung rechtfertigt. Am überzeugendsten sind Fähigkeiten und Stärken.

Welche Hobbys haben Sie? Ja, auch private Fragen werden in einem Bewerbungsgespräch gestellt. So bekommen Vorgesetzte ein Gesamtbild von einem. Man sollte sich überlegen, welche Hobbys zum Job passen. Das klingt jetzt vielleicht komisch, aber das Freizeitverhalten kann viel über die Jobqualitäten aussagen. Wenn man zum Beispiel einen Mannschaftssport betreibt, sagt das, das man teamfähig ist. Aber, wie immer, gilt: Ehrlich und authentisch bleiben! Bewirbt man sich für eine Stelle in einem Team, macht man aber keinen Mannschaftssport, dann behauptet man das auch nicht.

Wer irgendetwas nicht verstanden hat, der fragt lieber nach, bevor er antwortet. Man glaubt vielleicht, dass man dadurch unsicher und inkompetent wirkt. Da ist aber nur der Fall, wenn man etwas sagt, das komplett am Thema vorbeigeht. Und wie bei allen anderen Gesprächen achtet man bei Bewerbungen auf Körpersprache und Mimik. Man sitzt oder steht aufrecht. Schultern zurück. So wirkt man selbstbewusst. Man hört aktiv zu. Erzählt man etwas, schaut man einem nach dem anderen in die Augen. Das sollte automatisch funktionieren. Denn muss man sich darauf konzentrieren, achtet man vielleicht weniger darauf, was man sagt.

Zum Schluss stellen potenzielle Bosse gerne die Frage: *Und, wollen Sie noch irgendetwas von uns wissen?* Wer Fragen hat, wirkt interessiert. Wer Antworten bekommt, ist gescheiter. Man darf und soll also schon nachfragen. Aber nicht zwingend, sondern nur, wenn man wirklich etwas wissen möchte. Wurde schon alles beantwortet, kann man fragen, ob man sich den Arbeitsplatz anschauen und die Kollegen kennenlernen dürfte. Damit zeigt man, dass man wirklich interessiert ist. Oft bleibt dafür keine Zeit. Aber wenn sich Leute die Zeit nehmen, kann man davon ausgehen, dass man gute Chancen auf den Job hat. Dann bedankt man sich für das Gespräch, betont noch einmal, wie gerne man hier arbeiten würde, schüttelt Hände und verabschiedet sich.

Auf all das kann und soll man sich natürlich vorbereiten. Wie man das macht, zeigt die …

ÜBERSICHT:

- » Sich überlegen, welche Karrierepläne und Ziele man hat, warum man sich gerade für diese Stelle bewirbt, und warum man dafür perfekt geeignet ist.

- » Sich die eigenen Stärken, Fähigkeiten aber auch Schwächen bewusst machen und sich trauen, sich selbst zu loben, ohne zu dick aufzutragen. Das gilt auch für das Bewerbungsschreiben.

- » Sich über das Unternehmen informieren und die Gemeinsamkeiten zur eigenen Person herausarbeiten.

- » Bewerbungsschreiben und Lebenslauf verfassen. Und zwar individuell für jedes Unternehmen. Noch ein Tipp dazu: Immer die gleiche Formatierung verwenden. So wirken die Unterlagen strukturierter. Ist man fertig, lässt man sie zur Sicherheit noch einmal Korrektur lesen.

- » Bewerbungsfoto machen. Hier gilt allerdings: Es muss gut sein. Sonst schickt man lieber gar keines mit. Ein Arbeitgeber darf grundsätzlich kein Bild verlangen. Schließlich soll er nach der Qualifikation entscheiden. Trotzdem: Ein gutes Bewerbungsfoto macht natürlich auch einen guten Eindruck. Tabu sind ausgeschnittene Fotos aus dem Urlaub und Selfies mit dem Smartphone im Wohnzimmer. Auch nicht gerne gesehen: unscharfe Fotos, Bilder aus Automaten und grelle Farben. Forscher haben festgestellt: Rot signalisiert im beruflichen Kontext geringe Kompetenz. Also sollte man darauf achten, die Farbe nicht zu tragen. Und wer auf Nummer sicher gehen will, zieht auch beim Bewerbungsgespräch nichts Rotes an.

- » Vielleicht hat man in seinem Netzwerk einen Fotografen. Dann geht man am besten zu ihm. Wenn nicht, muss man eben selbst schauen, dass man möglichst professionell wirkt. Das Outfit und das Styling sollten zur Branche, zum Unternehmen und zur ausgeschriebenen Stelle passen. Lieber zu elegant als zu lässig. Frauen tragen dezentes Make-up, Herren rasieren oder stutzen sich ihren Bart. Piercings und Tattoos versteckt man lieber. Nicht jede Firma reagiert darauf allergisch. Manche aber schon. Achten muss man auch darauf, was im Hintergrund zu sehen ist. Der Gesichtsausdruck ist freundlich und aufgeschlossen. Lächeln sollte man aber nur, wenn es nicht aufgesetzt wirkt und man sich wohlfühlt.

- » Empfehlungsschreiben einholen

- » Sich Antworten auf die gängigsten Fragen überlegen

- » Sich eigene Fragen ausdenken, die man dem Personalisten oder Chef stellen möchte.

- » Üben, üben und immer wieder üben. Mit Freunden, mit der Familie, mit dem Partner. Je öfter man die Situation durchspielt, desto sicherer wird man. Außerdem bekommt man direktes Feedback, und anderen fallen vielleicht noch Fragen ein, an die man nicht gedacht hat.

- » Sich schon ein paar Tage vorher überlegen, was man anziehen möchte und gegebenenfalls noch ein Outfit kaufen. Zum Friseur gehen. Das sollte man nicht kurz davor machen, weil man sich oft erst ein paar Tage nach dem Friseurbesuch wirklich wohlfühlt. Und nicht am Tag davor ins Solarium, außerdem ist es sowieso ungesund.

» Stress vermeiden. Wo auch immer das Gespräch stattfindet, und so gut man sich auch auskennt: Zumindest einen Tag vorher schaut man nach, wie man am schnellsten zur Firma kommt. Man steht rechtzeitig auf und geht rechtzeitig los. Auch Verkehrsbehinderungen muss man einplanen. Egal, ob man mit dem Auto oder mit den öffentlichen Verkehrsmitteln unterwegs ist. Irgendwas kann immer passieren. Trotzdem: Man sollte höchstens zehn Minuten zu früh sein. Wer früher dran ist, wartet um die Ecke. Ist das Gespräch in einer anderen Stadt und vielleicht auch noch am Nachmittag, braucht man eventuell ein Hotelzimmer. Reist man mit den Öffis an, braucht man ein Ticket. Und ein kleiner Snack für zwischendurch wäre auch nicht schlecht, damit der Magen nicht im falschen Moment knurrt. Einen Block und einen Stift sollte man zur Sicherheit einpacken, damit man sich Notizen vom Gespräch machen kann und interessiert wirkt. Das sind viele Kleinigkeiten, auf die man im Stress leicht vergisst. Aber denkt man früher daran, geht man entspannt ins Bewerbungsgespräch.

DER AUSSTIEG

Eigentlich sollte es nicht passieren. Trotzdem kann es passieren. Dass man irgendwann draufkommt: Dieses Netzwerk, ich weiß nicht, das ist doch nicht das richtige für mich. Das ist kein Kraftwerk, das ist ein Fruchtzwerg.

Informiert man sich vorab über einen Club, klingt alles so aufregend, so elektrisierend. Ist man dann eine Zeit lang dabei, verpufft das berauschende Element. Von der Seifenblase bleibt nur mehr ein nasser Fleck. Oder man merkt, dass die anderen Mitglieder überhaupt nicht so cool, so innovativ, so smart sind, wie man sich das vorgestellt hat. Oder man muss feststellen, dass es fast niemanden gibt, der einem wirklich weiterhelfen kann. Oder man hat irgendwann einfach keine Zeit.

Aus manchen Netzwerken wächst man auch heraus. Wie aus Kinderzimmern. Oder Pfadfindergruppen. Aber ein Ausstieg soll wohlüberlegt sein. Wenn man selbst kein Nachwuchstalent, sondern ein gefestigter Selbstständiger ist, kann man von den Jungen immer noch etwas lernen – oder neue Talente entdecken und fördern. Außerdem bleibt man in einem Netzwerk, auch wenn man vermeintlich herausgewachsen ist, wenigstens up to date. Man weiß ja nie, wie lange es einem gut geht.

Und ob man es nicht irgendwann bereuen wird, dass man ausgestiegen ist und den Kontakt zu anderen Mitgliedern Schritt für Schritt eingeschränkt oder gleich abgebrochen hat. Zeiten werden härter, manche Berufszweige brechen gänzlich weg, wirtschaftliche Strömungen können sich in kürzester Zeit um 180 Grad drehen. Was gestern noch supergut und gefragt war, kann morgen schon gähn-langweilig oder früh-retro sein. Die Zeit heilt nicht nur alle Wunden, sie killt das Neue – jeden Tag aufs Neue. Auch ich muss mich ständig neu orientieren. In einem Business, das auf High-Tech und Kommunikation ausgerichtet ist, reicht es nicht, bei den Anfängen des Internets zu bleiben. Da ist die Erfindung von gestern heute schon wieder überholt. Und du kannst deine tolle Geschäftsidee ins Museum stellen. Heute WWW und App, morgen nur mehr Wappler.

Kontakte zu haben und Beziehungen zu pflegen, kann einem nie schaden. Natürlich setzt man die Prioritäten irgendwann anders. Und manche Netzwerke werden dadurch uninteressanter als andere. Deshalb muss man nicht gleich tschüss sagen. Man kann seltener zu den Veranstaltungen gehen oder zu einem passiven Mitglied werden. Bei vielen exklusiven Clubs kann man seine Mitgliedschaft überhaupt nicht kündigen. Jedenfalls ist es verdammt wichtig, sich zu überlegen, in welches Netzwerk man verstrickt sein möchte. Gut überlegen sollte man sich darüberhinaus, aus welchem man aussteigen möchte. Und warum man kein Mitglied mehr sein will. Womöglich weiß man gar nicht, was alles machbar wäre. Eventuell muss man sich nur mehr einbringen und aktiver sein. Das heißt, man sollte vielleicht einmal seinen elektronischen Hintern bewegen, bevor man mit eben diesem jemand anderem ins Gesicht fährt.

Von einem Netzwerk sollte man sich nicht erwarten, dass man einfach einmal vorbeischaut, hier und da mit jemandem redet, ein paar Visitenkarten austeilt, einmal im Jahr zu einer Veranstaltung geht und sich dann die großen Dinge ergeben. Von nichts kommt nichts. Wer so vorgeht und dann austritt: viel Glück! So jemand wird es auch in keinem anderen Netzwerk zu etwas bringen. Und es sind viel zu viele, die es so machen und nach kurzer Zeit wieder austreten. Natürlich ist das bei den exklusiveren Clubs anders. Wenn man nicht so leicht reinkommt, dann will man auch so schnell nicht wieder raus.

Voreilig und überstürzt zu kündigen, kann einem mehr schaden, als nutzen. Meistens ist es so, dass man ein bisserl zu faul ist, um aktiv zu sein. Man redet sich ein, dass man zu wenig Zeit hat. Man behauptet, keiner redet mit mir. Manchmal muss man sich einfach mehr Mühe geben.

Ist man trotzdem entschlossen, das Netzwerk zu verlassen, spricht freilich nichts dagegen. Aber ein Gedanke noch: Wer sich umschaut und umhört, der erkennt, dass fast alle erfolgreichen Menschen Teil eines Netzwerks sind.

Man hat sich also tatsächlich dazu entschlossen, aus einem Netzwerk auszusteigen. Na gut. Jeder, wie er will. Und es kann ja immerhin auch sein, dass man umzieht. Bei offenen Netzwerken ist eine Kündigung kein Problem. Man verschwindet einfach in der Versenkung. Wie ein C-Promi. Irgendwann hört einfach niemand mehr von einem. Und tschüss. Hilfe, ich war ein Star, und jetzt grab ich mich ein. So kann man es machen, höflich ist anders.

So verabschiedet man sich zumindest von allen. Wenn man ein wichtiger Bestandteil des Netzwerks ist oder das Netzwerk eher klein ist, kann man vielleicht eine Abschiedsrede halten. Man kann sich zumindest von den wichtigen Mitgliedern persönlich verabschieden oder allen eine E-Mail schreiben.

Bei Clubs und Vereinen ist das etwas schwieriger. Da kommt es darauf an, was in der Satzung steht. Oft gibt es Kündigungsfristen und genau festgelegte Abläufe. Dann ist es in jedem Fall gut, wenn man sich persönlich verabschiedet. Zusätzlich braucht es aber oft ein Schreiben. So etwas wie: »Sehr geehrter Herr Sowieso, hiermit möchte ich meine Mitgliedschaft kündigen.« Dann schreibt man noch den hoffentlich triftigen Grund dazu, führt aus, was man dem Club so alles zu verdanken hat, da wird einem bestimmt etwas einfallen, und schließt mit der Hoffnung auf ein Wiedersehen ab. So ist es nicht unangenehm, wenn man sich wieder einmal über den Weg läuft.

Wie bei langen Beziehungen: Es ist immer besser, im Guten auseinanderzugehen. Und hat man nichts Gutes zu sagen, sagt man besser gar nichts und verfasst ein kurzes und förmliches Kündigungsschreiben. Die Welt ist klein. Selbst, wenn man nach Papua-Neuguinea zieht. Oder Fidschi. Und wer weiß, vielleicht kommt man irgendwann zurück. Womöglich ist man doch früher oder später auf den einen oder anderen Netzwerkkontakt angewiesen. Dann wäre es nicht sonderlich fein, wenn schlecht über einen geredet wird. Und man sich nicht einmal mehr in die Augen schauen kann.

Oder aber sie empfangen dich wie einen alten Freund, der zurückgekehrt ist. Heim. Nachhause ins Netzwerk.

DIE ÜBERSICHT

Jetzt hat man viel gelesen. Und einiges sicher schon wieder vergessen. Deshalb: Worauf man achten sollte, bevor und während man netzwerkt.

Die wichtigsten Tipps auf einen Blick:

- » Die Ziele bestimmen.

- » Authentisch und positiv bleiben.

- » Visitenkarten und/oder Project Cards immer mitnehmen.

- » Sich in den sozialen Netzwerken anmelden – beziehungsweise überprüfen, ob die Profile netzwerktauglich sind, und sie dann auch aktiv nutzen.

- » Auf die Umgangsformen im Internet achten.

- » Stets daran denken, dass die Leute über einen reden und ihnen möglichst keinen Grund liefern, dass sie etwas Schlechtes zu sagen haben.

- » Auf das Outfit achten und sich nicht verkleiden.

- » Selbstbewusstsein aufbauen und selbstbewusst auftreten.

- » Sich Wissen aneignen. Über das politische und wirtschaftliche Geschehen genauso wie über Bereiche, die einen vielleicht nicht besonders interessieren. Schwachstellen geschickt überspielen oder einfach dazu stehen.

- » Sich über Personen informieren, die man auf Veranstaltungen treffen könnte.
- » Bei Themen, die die eigene Branche betreffen, immer am Laufenden bleiben.
- » Die Buzzwords kennen.
- » Den eigenen Cocktailsatz beherrschen.
- » Die Elevator Speech üben.
- » Sich auf mögliche Gespräche vorbereiten.
- » Die Anforderungen eines Clubs, Vereins oder Verbands beachten und sich überlegen, warum man für ein Netzwerk interessant sein könnte.
- » Fettnäpfchen vermeiden und dazu stehen, wenn man doch in eines tritt. Niemand ist perfekt.
- » Nach Netzwerk-Veranstaltungen Ausschau halten und auch hingehen, wenn man gar keine Lust hat. Dann ergibt sich oft was Gutes. Unverhofft kommt oft, heißt es doch.
- » Auf die Manieren und Umgangsformen achten. Niemanden einfach duzen. Nicht zu lange feiern. Nicht zu viel Alkohol trinken. Nicht halblustig sein. Das Smartphone auf lautlos stellen. Nur ehrliche Komplimente verteilen.
- » Die Körpersprache und die Mimik verwenden, um das

Gesagte zu verstärken und selbstbewusst aufzutreten. Und die Kenntnisse anwenden, um andere zu lesen.

» Das Gegenüber spiegeln, um Vertrautheit herzustellen.

» Leute ansprechen. Nur Mut! Aber keine Standard-Sprüche, keine schrägen Aktionen. Ein einfaches »Guten Abend« tut's auch. Und je öfter man Fremde anspricht, desto leichter fällt es einem.

» Jemanden zu einer Veranstaltung mitnehmen, wenn man schüchtern ist.

» Sich an Plätze stellen, an denen viele Menschen vorbeigehen oder verweilen.

» Den Cocktailsatz und, wenn möglich, die Elevator Speech anbringen.

» Auch übers Wetter, das Umfeld oder das Essen reden und die Gespräche geschickt in die gewollte Richtung lenken.

» Tabuthemen wie Religion und Geld vermeiden.

» Nicht lästern.

» Allen Menschen Respekt entgegenbringen.

» Offen, ehrlich und freundlich sein.

» Nur konstruktive Kritik austeilen und Kritik auch annehmen können.

> - Offene Fragen stellen, um Gespräche am Laufen zu halten.

> - Visitenkarten möglichst schnell mit allen wichtigen Daten und Fakten in eine Datenbank eingeben, ordnen und einmal im Jahr aussortieren.

> - Quality Data statt Big Data.

> - Strenge Rechnung, gute Freunde.

> - Bei Verhandlungen versuchen, sich in das Gegenüber einzufühlen.

> - Sich auf Bewerbungsgespräche gut vorbereiten und sich nicht kleiner machen, als man ist.

> - Sich den Ausstieg aus einem Netzwerk gut überlegen. Denn: Wer nicht netzwerkt, hat schon verloren.

> Und ich verspreche: Wer richtig netzwerkt, wird in jedem Fall gewinnen.

DAS EIGENE NETZWERK

Zurück zum Anfang. Da hat man sich schon hinlänglich überlegt, ob es in der Familie, im Freundes- und Bekanntenkreis Menschen gibt, die in Netzwerken vertreten sind. Was man dabei vielleicht übersehen hat, ist, dass viele von ihnen Fähigkeiten haben, die einem dabei helfen können, seine Ziele zu erreichen. Also schaut man sich das noch einmal an.

Am besten, man schreibt seine Ziele auf ein Blatt Papier. In die Mitte. Und überlegt, wer einen wie unterstützen kann. Vielleicht kennt man einen Grafikdesigner, der die Visitenkarten fertigen kann. Oder einen Programmierer, der die Homepage zu einem günstigen Preis machen und online stellen würde. Oder einen Fotografen, der ein Bewerbungsfoto schießen könnte. Hat man schon erfolgreich genetzwerkt, werden einem in der Sekunde zwanzig Namen einfallen. Und alle schreibt man um das Ziel herum.

So macht man quasi eine Bestandsaufnahme und schaut, in welchem Umfeld man sich eigentlich bewegt. Und schon hat man ein eigenes und ganz persönliches Netzwerk.

Wer für private Zwecke netzwerken möchte, auch kein Problem. Auf diese Weise kann man zum Beispiel einen Buchclub ins Leben rufen. Oder eine Fußballmannschaft aufstellen. Wer sofort loslegen möchte und gerade kein leeres Blatt Papier zur Hand hat, kann dafür die nächste Seite verwenden, die ich dafür extra freigelassen habe.

Dafür sollte man sich Zeit nehmen. Damit man niemanden übersieht. Es hilft auch, die Kontakte auf Facebook, Xing & Co. durchzuschauen. Und natürlich die Kontaktdatenbank, die man aus den Visitenkarten erstellt hat. Und dann schreibt man jeden auf, der hilfreich sein könnte, auch wenn man ihn nur flüchtig kennt. Also, los geht's.

Mein persönliches Netzwerk

Auf der vorigen Seite stehen jetzt einige Namen. Von Freunden, von Bekannten, von Familienmitgliedern, von Kollegen, von Kunden, von Menschen, die man bei Veranstaltungen kennengelernt hat, von Leuten, die man spontan angeredet hat, von ehemaligen Studien- oder Schulkollegen. Mit manchen steht man sowieso dauernd in Kontakt. Von anderen hat man schon lange nichts mehr gehört. Einige kennen einander. Andere haben noch nie etwas voneinander gehört.

Jetzt geht es darum, sich zu überlegen, wie man diejenigen, die für die eigenen Ziele wirklich wichtig sind, für sich gewinnt. Zuerst fragt man sich, mit wem man sich vernetzen kann und will. Und je nachdem, wie viele Menschen das sind (und wer diese Menschen sind), plant man eine passende Veranstaltung.

Man kann einen Tisch in einem Restaurant, einem Bierlokal oder einer Weinbar reservieren. Der kann sogar zum Stammtisch werden. Man kann zu einem After-Work-Clubbing laden oder einen Ausflug organisieren. Das bleibt jedem überlassen. Wichtig ist nur, dass das, was man plant, zu den Interessen der Menschen passt, die man vernetzen möchte. Jemanden, der es gerne ruhig und gemütlich hat, wird man nicht zu einem Rave einladen. Außerdem sollten die Leute zueinander passen, welche die gleichen Interessen haben und voneinander profitieren.

Hat man eine Auswahl zusammengestellt und schon ein Event im Kopf, muss man die Leute nur noch einladen. Und ihnen erklären, warum man sie zusammen an einen Tisch setzt. Das kann man sofort machen. In einer E-Mail zum Beispiel. Oder man sagt es ihnen erst vor Ort.

»Ich habe mir überlegt, welche Menschen sich in meinem Umfeld beruflich gegenseitig unterstützen können. Wir haben alle ähnliche Interessen und sind entweder in derselben oder zumindest in einer verwandten Branche tätig.«

Man stellt alle einander vor, regt Gespräche an und schaut, wie sich das Ganze entwickelt. Läuft alles nach Plan, kann man das Treffen wöchentlich, monatlich oder auch nur jährlich wiederholen. So kann man zum Beispiel einmal im Jahr einen Skiausflug planen. Oder wöchentlich einen Stammtisch einberufen. Wie in jedem anderen Netzwerk, kann man sich auch im selbst gegründeten austauschen, unterstützen oder Feedback einholen. Egal, wie klein oder groß es ist.

Damit der Kontakt nicht abreißt, selbst, wenn sich alle nur einmal im Jahr treffen, kann man in einem sozialen Netzwerk eine Gruppe gründen und die Mitglieder dazu einladen. So kann man alles, was man in einem Netzwerk macht, auch online, jederzeit und überall machen und bleibt damit stets up to date. Und natürlich kann diese Gruppe immer größer werden.

Jedes Mal, wenn man jemanden kennenlernt, überlegt man sich: Passt diese Person zu meinem Netzwerk? Profitieren andere von ihren Fähigkeiten, und profitiert sie von der Gruppe? Kenne ich sie gut genug, um sie einzuladen? Beantwortet man die Fragen mit einem Ja, fügt man die Person der Gruppe hinzu.

So bastelt man sich ein maßgeschneidertes Netzwerk nach den eigenen Wünschen und Bedürfnissen. Schnell, einfach, gratis, aber alles andere als umsonst.

DAS EIGENE PROFESSIONELLE NETZWERK

Gründe, ein eigenes Netzwerk ins Leben zu rufen, gibt es viele. Zum Beispiel: Es gibt keine Gruppierungen, die zu einem passen. Oder der Club, dem man beitreten möchte, liegt nicht in der Region, in der man lebt. Oder man fühlt sich in den Netzwerken, in denen man ist, nicht wohl. Oder man kennt so viele Menschen mit gleichen Zielen und Interessen, dass es nur logisch wäre, alle Leute zu einem großen Ganzen zusammenzuführen. Natürlich hat man aber auch eine Verantwortung, wenn man ein Netzwerk schafft. Man muss es beleben, am Laufen halten, viel Zeit und möglicherweise Geld investieren.

Wer netzwerkt, weiß, wie anstrengend das sein kann. Man muss schauen, wie viel man tun kann, ohne dass die Work-Life-Balance aus dem Gleichgewicht kommt. Ein wöchentlicher Stammtisch, ein monatliches Event oder eine jährliche Veranstaltung zu organisieren, ist noch relativ einfach. Schwieriger ist es, einen Club oder Verein aus der Taufe zu heben und zu pushen, damit etwas Anständiges daraus wird.

Die Denkarbeit. Alles beginnt mit der Idee. Und mit den Zielen. Man fragt sich, was man überhaupt bewegen und erreichen will. Zum Beispiel: Ich will, dass mein Unternehmen erfolgreicher wird. Ich will mir einen Namen in der Branche machen. Ich will neue Kunden gewinnen. Ich will interessante Menschen kennenlernen, immer auf dem Laufenden bleiben und neue Erfahrungen machen. Ich will Artikel in Fachmagazinen oder vielleicht sogar mein eigenes Buch veröffentlichen. Am Anfang ist die Idee, aus der Idee wird ein Ziel, und dieses Ziel wird so lange verfolgt, bis es erreicht ist. Niemals aufgeben, keine Ausreden. Vorne ist das Ziel, renn darauf zu, und nimm immer die Zielgerade.

Sich die Ziele bewusst zu machen, ist deshalb wichtig, weil man so motiviert bleibt und immer eine Antwort auf die Frage hat: Warum mache ich das überhaupt? Es gilt noch mehr Entscheidungen zu treffen. So muss man sich im Vorfeld überlegen, welche Art von Netzwerk es werden soll. Ein Verein, ein Club oder ein offenes Netzwerk? Welche Rechtsform ist geeignet? Man sollte zudem überlegen, ob man es alleine gründen möchte, oder ob man sich Verbündete ins Boot holt. Und wer dafür in Frage kommt. Mit wem man langfristig zusammenarbeiten kann. Oder ob man doch lieber alles selber macht, um keine Kompromisse eingehen zu müssen. Fragen über Fragen. Welchen Namen das Netzwerk haben soll.

Wie viel Zeit und Geld man investieren kann. Wen man erreichen möchte. Aus welchen Mitgliedern das Netzwerk einmal bestehen soll. Ob man eine Gebühr verlangt. Ob es Aufnahmerituale gibt. Was man bieten kann. Und wie man das Ganze aufbaut. Ob man Events veranstaltet. Und wenn ja, wie oft. Und wo. Es gibt einiges durchzudenken, bevor man wirklich loslegen kann. Aber eines nach dem anderen.

Die Ziele hat man festgelegt. Die Menschen, die einen unterstützen können, hat man eingeweiht, begeistert und rekrutiert. Jetzt muss man sich überlegen, ob man ein Verein, ein Club, eine Partei oder sonst etwas sein will. Beziehungsweise welche Rechtsform passt. Das ist in erster Linie eine Frage des Eigenkapitals. Und der Haftung. Jede Rechtsform hat Vor- und Nachteile. Im Internet kann man sich informieren und gute Tipps holen. Zum Beispiel auf www.help.gv.at.

Natürlich gibt es auch Netzwerke ohne Rechtsform, Menschen können sich immer auch einfach so zusammenschließen und etwas bewegen. Aber die Erfahrung zeigt schon, dass alle erfolgreichen und effizienten Netzwerke zumindest eine Vereinsgrundlage haben.

Hat man sich für eine Rechtsform entschieden, gibt man dem Netzwerk einen Namen. Auch da muss man aufpassen. Ein Vereinsname muss zum Beispiel so beschaffen sein, »dass er einen eindeutigen Schluss auf den Vereinszweck zulässt und Verwechslungen mit anderen Vereinen, Einrichtungen oder Rechtsformen ausschließt.« So steht's auf der Homepage des Innenministeriums, www.bmi.gv.at. Auch hier findet man allerlei Wissenswertes. Allerdings gibt es so viele verschiedene Ausgangssituationen und individuelle Möglichkeiten oder Unterschiede, dass man sich am besten von einem Experten beraten lässt. Vielleicht hat man sogar einen im eigenen Netzwerk.

Die Kosten. Was man selber überschlagen kann, sind die Kosten. Und da kann einiges auf einen zukommen. Abhängig davon, was man genau machen möchte. Gründet man ein Netzwerk, braucht man eine Homepage und Visitenkarten, vielleicht auch Informationsmaterial, ein Logo und Geschäftspapier. Womöglich muss man sich ein Büro oder einen Gemeinschaftsraum mieten. Dann kommen Telefonkosten dazu. Die Domain für die Homepage ist auch nicht gratis. Verschickt man Einladungen per Post, braucht man Briefmarken. Das kann bei 200 Einladungen, die ja auch etwas kosten, für ein monatliches Event schon ziemlich ins Geld gehen. Ist im digitalen Zeitalter auch nicht mehr wirklich notwendig. Ist das Netzwerk größer, braucht man womöglich ein Sekretariat. Und wenn man ein Event organisiert, braucht man eine Location, ein Buffet, Getränke, vielleicht eine Band. Bei großen Veranstaltungen wird man vermutlich Sponsoren finden, die einen Teil der Kosten übernehmen. Trotzdem: Wer ein professionelles Netzwerk gründen möchte, der braucht Kapital. Vor allem am Anfang. Sobald man einige Mitglieder hat, lassen deren Beiträge die Kasse klingeln. Die Damen und Herren erwarten sich etwas für ihr Geld. Als Netzwerkgründer wird man in erster Linie reich an Erfahrungen (die einen wiederum reich machen können).

Die Veranstaltungen. Wie viel Geld man durch Mitgliedsbeiträge einnimmt, hängt einerseits davon ab, wie viele Mitglieder man hat, andererseits davon, wie exklusiv das Netzwerk ist. Je mehr man bietet, desto mehr kann man verlangen. Und umgekehrt.

Das heißt, wenn man einen exklusiven Club gründen möchte, muss man mehr Zeit investieren. Da reicht es nicht, für eine Veranstaltung den Partykeller im eigenen Haus herzurichten. Da muss man ein cooles Lokal oder einen angesagten Club mieten und dekorieren, eine Band oder einen DJ organisieren und persönliche Einladungen verschicken. Dabei geht es nicht um gedruckt oder nicht gedruckt, sondern um das Faktum, dass sich der Empfänger wirklich persönlich angesprochen fühlt, was vor allem anfangs sehr wichtig ist. Und da schadet es freilich nicht, wenn man die richtigen Kontakte hat, die einen unterstützen und bei der Planung helfen. Und bei solchen Veranstaltungen kann man sich schon einmal etwas trauen und ungewöhnliche Wege gehen.

Auch ältere, konservativere Menschen, die sonst vielleicht nur zu Kammerkonzerten gehen, besuchen gerne einmal eine Disco und nicken dezent mit dem Kopf zu Drum-and-Bass-Klängen. Manch einer tanzt vielleicht sogar dazu. Wenn man gerade dabei ist, die Menschen auszusuchen, die man einlädt, sollte man daran denken. Denn 08/15-Events gibt es genug. Für manche ist nur noch das Außergewöhnliche spannend. Für andere ist es zu außergewöhnlich. Da ist Fingerspitzengefühl gefragt.

Ein wirklich gutes und professionelles Netzwerk ist zeit- und kostenintensiv. Es lohnt sich, eines zu gründen, weil man damit etwas bewirken kann. Und man muss es auch glaubhaft repräsentieren können. Bei der Wahl und Gründung des Netzwerks gilt deshalb, wie immer: Authentisch bleiben. Auch auf die Gefahr hin, dass ich es achtmal sage. Authentizität ist das Geheimnis des Erfolgs.

Und apropos Events: Da muss man sich sehr gut überlegen, wann sie stattfinden sollen. Die meisten Veranstaltungen, die jede Woche oder jeden Monat organisiert sind, finden immer am selben Tag statt. Ich persönlich finde es aber besser, den Tag zu wechseln, damit es nicht langweilig wird. Montags ruhen sich die Menschen meist noch vom Wochenende aus. Donnerstags hat man vor allem in Wien viele Konkurrenzveranstaltungen. Gute Tage für eine Veranstaltung sind Dienstag und Mittwoch. Hat man sich einmal einen Namen gemacht, können die Events auch am Wochenende stattfinden.

Wer ein professionelles Netzwerk gründen möchte, muss sich vorher über folgende Dinge Gedanken machen:

- » Wie viel Zeit nehme ich mir dafür?
- » Wie viel Geld kann ich investieren? Und wie viel brauche ich?

» Gründe ich das Netzwerk alleine oder suche ich mir Verbündete? Und wer kommt dafür in Frage?

» Was macht mein Netzwerk besonders? Was ist die Idee dahinter? Was biete ich an?

» Welche Ziele verfolge ich?

» Wen will ich in meinem Netzwerk haben? Wer ist die Zielgruppe?

» Welche Rechtsform ist die beste?

» Welchen Namen soll das Netzwerk haben?

» Wie exklusiv soll das Netzwerk sein? Gibt es Aufnahmekriterien? Wie hoch ist der Mitgliedsbeitrag?

» Welche Art von Events veranstaltet man? Wie oft? Wann? Und wo?

Die Kontakte. Hat man alles durchdacht, und ist man immer noch der Meinung, dass es eine super Idee ist, so ein Netzwerk selbst zu gründen, dann kann man jetzt loslegen. Wer emsig genetzwerkt hat, kann auf seine Erfahrungen und Erlebnisse zurückgreifen. Der weiß schon, wie ein Netzwerk aufgebaut ist, was geboten wird, was die Konkurrenz macht, wie die Veranstaltungen organisiert sind. Wenn nicht, sucht man den Kontakt zu anderen Netzwerkgründern und stellt ihnen möglichst viele Fragen. Die meisten berichten mit Freude und Stolz von ihren Erfahrungen. Man kann und soll die eigenen Ideen und Strukturen mit anderen beziehungsweise ähnlichen vergleichen. Und man verteilt auch schon Visitenkarten an mögliche Mitglieder, holt sich ihre und erweitert so seine Kontakt-Datenbank. Auch und vor allem durch Mundpropaganda kommt man an neue Interessenten.

Ist es dann soweit, startet man mit seinem eigenen Netzwerk, und hat man ein Datum für die erste Veranstaltung, schreibt man die Menschen an. Man schickt ihnen eine E-Mail oder, wenn es ein exklusiver Club ist, eine persönliche Einladung mit der Post. Versendet man E-Mails, muss man aufpassen. Es gibt Gesetze, die E-Mail-Werbungen, zum Beispiel Einladungen oder Newsletter, reglementieren. Ist man auf der sicheren Seite, reicht es oft nicht, nur eine Nachricht zu verschicken. Die landet ungelesen im Papierkorb. Zu viele E-Mails sollte man nicht senden. Da orientiert man sich am besten am eigenen Empfinden.

Der Internetauftritt. Bevor es richtig losgeht, muss man noch Visitenkarten machen und die Homepage online stellen, damit sich potenzielle Mitglieder über den Club, den Verein oder Verband informieren können. Homepages kann man recht günstig programmieren lassen. Ich empfehle aber, hier etwas mehr Geld zu investieren. Nichts schreckt die Generation Internet so sehr ab wie eine schlecht gemachte Homepage. Sie ist die Online-Visitenkarte und sehr wichtig für den Erfolg des Netzwerks. Es braucht einen Programmierer und einen Webgrafiker mit ästhetischem Empfinden, die genau wissen, wie man was in Szene setzt. Es muss übersichtlich, intuitiv und einfach sein. Und es muss eine klare Linie geben, die sich durchzieht.

Die Visitenkarten, die Homepage und auch die Facebook-Seite müssen ein einheitliches Design haben. Corporate Identity. Das heißt: dieselben Farben, dieselbe Schrift, dieselbe Sprache. Auf der Homepage und auf der Facebook-Seite muss stehen, wofür das Netzwerk steht. Das Programm, die Philosophie und die Ziele müssen da zu finden sein. Und sie müssen so formuliert sein, dass man sie sofort versteht. Kein Amtsdeutsch.

Außerdem gibt man dem Netzwerk ein Gesicht. Das heißt, man stellt Lebensläufe der Gründungsmitglieder online. Am besten mit Fotos. Dazu noch die Geschichte des Netzwerks. Und natürlich dürfen die Aufnahmekriterien und Gebühren nicht fehlen. Hat man Sponsoren und Partner, bekommen sie ihren Platz. Dann gibt es noch ein Impressum, ein Kontaktformular und, für später, ein Pressearchiv. Und natürlich einen Bereich für die Mitglieder, zu dem nur sie Zugang haben. Was man ihnen dann dort bietet, bleibt jedem selbst überlassen. Ein Forum zum Beispiel, einen Veranstaltungskalender, eine Fotogalerie oder exklusive Angebote.

Worauf man bei der Gestaltung noch Wert legen sollte, ist, dass man die Homepage selbst warten und aktualisieren kann. Und zwar auch dann, wenn man überhaupt keine Ahnung vom Programmieren hat. Es kostet viel Zeit und Nerven, wenn man bei jedem kleinen Problem, bei jedem Text, den man ändern möchte, bei jedem Event, das man in den Veranstaltungskalender schreiben will, bei jedem Foto, das man hochladen möchte, den Programmierer anrufen muss. Das ist viel Stress für beide Seiten.

Die Partner. Wenn man ein Netzwerk selbst gründet, soll man Partner und Sponsoren suchen, die einen gerade am Anfang unterstützen. Im Endeffekt macht man das so, wie man es in jedem Netzwerk macht. Man hat seinen Cocktailsatz und die Elevator Speech eingeübt. In Gesprächen mit potenziellen Partnern bringt man alle Informationen auf den Punkt. Der Unterschied ist, dass man nicht unbedingt alle wichtigen Personen zufällig kennenlernt. Man muss sich überlegen, mit wem man zusammenarbeiten könnte. Zum Beispiel mit dem Lokal oder dem Club, in dem die Events stattfinden. Dort verhandelt man etwa einen Rabatt, dafür wirbt man auf der Homepage und auf der Facebook-Seite für die Location. Oder man fragt einfach nach, was sich der Sponsor für sein Geld erwartet.

Welche Möglichkeiten man sonst noch hat, hängt vom Netzwerk ab. Getränkefirmen, Sportausstatter, Modelabels, Restaurants, Hotels und andere Netzwerke können potente Partner sein. Da muss man ein bisschen Denkarbeit leisten und sich überlegen: Wer passt zu meinem Netzwerk? Und wer könnte uns unterstützen?

Das Treffen. Bei den Veranstaltungen muss man sich fragen, ob sie nur für Mitglieder oder insgesamt für Interessierte sind. Daneben gibt es noch die Clubtreffen, die nur für mitarbeitende beziehungsweise mitwirkende Leute sind. Bei solchen Treffen redet man über vergangene Events und plant zukünftige, bespricht den Stand der Dinge und die nächsten Schritte, hält Vorträge und Reden. Hier schlägt das Herz des Netzwerks. Mit diesen Menschen und ihren Entscheidungen steht und fällt alles.

UrbanIn – The Community. All diese Tipps zähle ich hier nicht einfach so auf. Ich habe sie mit meinem Team selbst beherzigt, als wir unter dem Motto »connect to re-inspire« im Crossover aus Business, Lifestyle und Innovation »UrbanIn – The Community« (www.urbanin.com) gestartet haben. Unterschiedliche Menschen aus unterschiedlichen Lebensbereichen sollen sich bei Events, Festivals und sonstigen Veranstaltungen treffen, vernetzen, austauschen und gegenseitig digital und real inspirieren.

AUSBLICK

The total Connectivity. Alles vernetzt sich. Alles verschränkt sich. Alles wird eins. Bei der Consumer Electronics Show in Las Vegas habe ich den damaligen CEO von Samsung getroffen, der meinte: »Das Internet der Dinge hat nicht mit Dingen zu tun, sondern mit Menschen.« Mir hat das sehr viel Inspiration gegeben. Internet of Things. Ein großes Stichwort. Die Zukunft hat längst begonnen, und alles schließt sich zusammen. In der Cloud liegen die Daten. Smart Homes wissen, wann der Kühlschrank leer ist und bestellen automatisch nach, die Klimaanlage kann man mit Sprachbefehlen einstellen, und die Fernseher sind längst Smart TVs. Gestensteuerung. Wischbewegungen. Connected Cars sind ans Web angeschlossen, manche finden in der Parkgarage sogar schon von alleine zum Fahrer. Wearables sammeln Daten über den Träger, Pulsfrequenz und dergleichen. Alles keine Science Fiction mehr, alles mischt sich zu einer gigantischen Datensuppe, die wir uns eingebrockt haben und die wir jetzt auslöffeln.

Was immer man davon halten mag oder nicht: Wir stellen uns vor diese Entwicklung, nicht dagegen. Wir vernetzen uns selbst. Dadurch werden wir stark. Dadurch werden wir groß. Und bleiben trotzdem einzigartig.

DIE LISTE

In Österreich gibt es viele Clubs, Verbände und Vereine. So viele, dass es quasi unmöglich ist, alle aufzuzählen. Aber in meiner exemplarischen Auswahl, die keinerlei Anspruch auf Vollständigkeit erhebt, findet bestimmt jeder zumindest ein Netzwerk, das zu ihm passt. Und jetzt ist man wirklich auf alles vorbereitet. Man muss sich nur noch trauen und loslegen. Eigentlich muss es ja heißen: Wer sich traut, kann das Buch jetzt ins Regal stellen, alles vergessen und nicht netzwerken. Aber dazu braucht man schon sehr viel Glück und Hoffnung. Wir leben in herausfordernden Zeiten. Und nichts ist mehr sicher. Jederzeit kann irgendetwas passieren, und schon steht man alleine da. Und hier braucht man Freunde und Partner, die einen unterstützen. Ein starkes Netzwerk.

BUSINESS NETZWERKE

Junge Wirtschaft

Die JW ist eine Interessensvertretung der Wirtschaftskammer für Jungunternehmer, die Informationen, Service und ein nationales sowie internationales Netzwerk für Nachwuchskräfte der Wirtschaft bietet.

www.jungewirtschaft.at

Junge Industrie

Die JI ist eine Interessensvertretung der Industriellenvereinigung für Jungunternehmer und Manager aus dem industriellen und produzierenden Sektor sowie aus industrienahen Dienstleistungsbereichen.

www.jungeindustrie.at

Management Club

Der MC ist eine Plattform für politisch interessierte Führungskräfte der Wirtschaft.

www.managementclub.at

Wirtschaftsforum der Führungskräfte

Das WDF ist ein Netzwerk von angestellten Managern.

www.wdf.at

Business Angels

Die Business Angels bieten Kapital sowie Know-how und unterstützen die Aufbauarbeit mit Erfahrung, Kontakten und Beteiligungskapital, im Gegenzug erhalten sie Unternehmensanteile.

www.business-angels.at

AustrianStartups

AustrianStartups ist eine Non-Profit-Plattform für österreichische Startups, Stakeholder, Interessierte und Unterstützer.

www.austrianstartups.com

Internet Advertising Bureau

Im IAB haben sich führende Unternehmen der digitalen Wirtschaft organisiert, um das Internet als wichtigen Bestandteil der werblichen Kommunikation voranzutreiben.

www.iab-austria.at

Mobile Marketing Association

Die MMA repräsentiert als Interessensvertretung alle Vertreter der Mobile Marketing Wertschöpfungskette.

www.mmaaustria.at

Austrian Entrepreneurs

Bei Austrian Entrepreneurs kann man sich mit anderen Unternehmen vernetzen, eigene Projekte präsentieren und so Mitunternehmer und Partner finden.

www.austrianentrepreneurs.com

Business Network International

BNI ist ein Unternehmernetzwerk für Geschäftsempfehlungen, durch dessen strategisches Empfehlungsmarketing neue Kunden gewonnen werden sollen.

www.bni.de

Austrian Gay Professionals

AGPRO ist die Vereinigung homosexueller Unternehmer sowie Fach- und Führungskräfte in Österreich.

www.agpro.at

Akademisches Forum für Außenpolitik – Hochschulliga für die Vereinten Nationen

Das AFA ist eine Vereinigung für alle an internationalen Fragen interessierten Jugendlichen, Schülern, Studierenden und Jungakademikern.

www.afa.at

Uni Management Club

Der UniMC richtet sich an wirtschaftlich interessierte Studierende, die eine Rolle als Entscheidungsträger von morgen anstreben.

www.wien.unimc.at

Österreichischer Journalisten Club

Der ÖJC ist ein österreichisches Kompetenzzentrum in Medienfragen und engagiert sich auch für eine Qualitätssicherung im Journalismus.

www.oejc.at

Club Alpbach

Beim Europäischen Forum Alpbach in Tirol treffen jedes Jahr im Spätsommer Opinion Leader aus aller Welt auf junge High Potentials, um aktuelle Fragen der Zeit zu diskutieren. Die regionalen Club Alpbach Vereinigungen sorgen auch unterjährig mit Veranstaltungen für Vernetzung und einen Austausch zwischen Wirtschaft, Politik und Zivilgesellschaft.

www.alpbach.org

SERVICE CLUBS

Rotary Club

Bei Rotary treffen sich Frauen und Männer für wohltätige Zwecke unter dem Motto »Service above self«. Mit Benefizaktionen unterstützt man Hilfsorganisationen und entwickelt und fördert soziale Programme.

Rotary hat eigene Clubs für Jugendliche: Interact für 14- bis 19-Jährige und Rotaract für 18- bis 30-Jährige.

www.rotary.at

Lions Club

Der Lions Club ist eine Serviceorganisation, deren Mitglieder sich neben der Ausübung ihres Berufes in den Dienst der Allgemeinheit stellen wollen.

www.lions.at

Der LEO Club ist die Jugendorganisation der Lions.

www.leo.at

Round Table

Der Club für Männer zwischen 18 und 40 Jahren will das freundschaftliche und gesellschaftliche Leben fördern und Menschen in Not helfen.

www.roundtable.at

Kiwanis

Frauen und Männer aus allen Berufen erbringen humanitäre Dienste mit der Erwartungshaltung des Einsatzes für die gute Sache.

www.kiwanis.at

Ambassador Club

Die Mitglieder treten für Völkerverständigung ein und engagieren sich in sozialen und kulturellen Bereichen.

www.ambassadorclub.org

VEREINIGUNGEN

Österreichischer Cartellverband

Der ÖCV ist eine Vereinigung von 48 katholischen, farbentragenden, nichtschlagenden Studentenverbindungen in Österreich mit den vier Prinzipien Religion, Wissenschaft, Vaterland und Lebensfreundschaft (Religio, Scientia, Patria und Amicitia).

www.oecv.at

Mittelschüler-Kartell-Verband

Der MKV ist ein Schüler- und Absolventenverband in Österreich, deren Mitglieder sich in über 160 katholischen Studentenverbindungen zusammengeschlossen haben.

www.mkv.at

Akademischer Bund Katholisch-Österreichischer Landsmannschaften

Der KÖL fungiert als Dachorganisation aller katholisch-österreichischen Landsmannschaften in Österreich und in den mittel- und osteuropäischen Ländern des Donauraums.

www.koel.at

Vereinigung christlicher farbentragender Studententinnen

Die VCS ist der Dachverband von farbentragenden Studentinnen und Akademikerinnen mit einem christlich-sozialen Weltbild.

www.vcs.at

Verband farbentragender Mädchen

Der VFM ist der Dachverband christlich farbentragender Mittelschul-Mädchenverbindungen.

www.vfm.cc

Schlagende Studentenverbindungen

Für deutschnational gesinnte und schlagende Burschenschaften gibt es Dachverbände wie die Burschenschaftliche Gemeinschaft (www.burschenschaftliche-gemeinschaft.de) und die Deutsche Burschenschaft (www.burschenschaft.de).

Katholische Aktion

Die KA ist die Laienorganisation der Katholischen Kirche, die Verantwortung in der Organisation und pastoralen Tätigkeit übernimmt.

www.kaoe.at

Der Souveräne Malteser-Ritter-Orden

Der Orden ist eine katholische Ordensgemeinschaft, die kranke, alte und behinderte Menschen sowie Flüchtlinge unterstützt.

www.malteser.or.at

Ritterorden vom Heiligen Grab zu Jerusalem

Der Ritterorden ist eine Gemeinschaft katholischer Christen, die als päpstlicher Laienorden eine Organisation zur Hilfe für die im Heiligen Land lebenden Christen darstellt.

www.oessh.at

Freimaurer

Die Freimaurerei sieht sich als ethischer Bund freier Menschen, die vom Geist des Humanismus und der Aufklärung geprägt sind.

www.freimaurer.at

FRAUENNETZWERKE

Alphafrauen

Ein Club für Frauen, die sich mit dem Ziel eines effektiven Netzwerks in der Gesellschaft engagieren wollen.

www.alphafrauen.org

Zukunft Frauen

Dieses Führungskräfteprogramm will mehr Frauen in Managementpositionen etablieren und Führungsfrauen miteinander vernetzen.

www.zukunft-frauen.at

Frau in der Wirtschaft

Die Plattform der Wirtschaftskammer vereint selbständige Frauen von der Kleinstunternehmerin bis zur Topmanagerin zur Unterstützung ihrer beruflichen und persönlichen Ziele durch interessenpolitisches Engagement, Serviceangebot und Networking.

www.wko.at

Arge Wirtschaftsfrauen

Die Mitglieder kommen aus verschiedenen Branchen, sind selbstständig oder in einer verantwortungsvollen Position und wollen einander gegenseitig zum Erfolg verhelfen.

www.arge-wirtschaftsfrauen.org

Business & Professional Women

Das Ziel von BPW ist, Frauen auf allen Hierarchie-Ebenen und aus unterschiedlichen Nationen zu fördern und so die Gleichstellung der Frauen im Arbeitsleben voranzutreiben.

www.bpw.at

Bund Österreichischer Frauenvereine

Der BÖFV sorgt für Informationsaustausch, lokale und weltweite Vernetzung mit Frauenorganisationen und Förderung sowie Unterstützung für die Aufnahme von mehr Frauen in Führungspositionen.

www.ncwaustria.org

Erfolgreiche Unternehmensnachfolge durch Frauen

EUF ist eine Plattform mit dem Ziel der Weiterführung von Familienunternehmen unter besonderer Berücksichtigung der Leitung durch Frauen.

www.euf.cc

Frau im Österreichischen Gewerbeverein

Die Initiative will Frauen im Business unterstützen und vernetzen.

www.frau-im-ogv.at

FEMtech

FEMtech ist eine Datenbank mit mehr als 1.700 Expertinnen aus den Bereichen Forschung und Technologie, deren Spezialistinnen rund 100 Fachgebiete abdecken.

www.femtech.at

Frauen ohne Grenzen

Die Organisation hilft Frauen dabei, ihre Talente ins öffentliche Leben zu bringen und setzt sich für eine Zukunft ohne Angst, Unterdrückung und Gewalt ein.

www.frauen-ohne-grenzen.org

Frauenfakten

Die Internetplattform gibt einen Überblick über alle in Österreich tätigen Frauennetzwerke, Gruppen und Vereine.

www.frauenfakten.at

Soroptimist

Diese Organisation für berufstätige Frauen will mit den Zielen Gleichheit, Entwicklung und Frieden Möglichkeiten schaffen, um das Leben von Frauen und Mädchen durch ein globales Netzwerk positiv zu verändern.

www.soroptimist.at

Zonta International

Der Club, dessen Mitglieder berufstätige Frauen sind, die selbstständig oder in verantwortlicher Position sind, hat das vorrangige Ziel, die Stellung der Frau rechtlich, beruflich, politisch und wirtschaftlich zu verbessern.

www.zonta.at

Ebenso haben die Parteien Frauenverbände:

Frauenbewegung
www.frauenoffensive.at

SPÖ Frauen
www.frauen.spoe.at

Initiative Freiheitliche Frauen
www.freiheitlichefrauen.at

Grüne Frauen Wien
www.diegruenenfrauenwien.at

PARTEIEN

Österreichische Volkspartei (ÖVP)
www.oevp.at

Sozialdemokratische Partei Österreichs (SPÖ)
www.spoe.at

Freiheitliche Partei Österreichs (FPÖ)
www.fpoe.at

Die Grünen
www.gruene.at

NEOS
www.neos.eu

Kommunistische Partei Österreichs (KPÖ)
www.kpoe.at

WIRTSCHAFTSVERBÄNDE DER PARTEIEN

Wirtschaftsbund
www.wirtschaftsbund.at

Sozialdemokratischer Wirtschaftsverband
www.wirtschaftsverband.at

Ring freiheitlicher Wirtschaftstreibender
www.rfw-daten.com

Grüne Wirtschaft
www.gruenewirtschaft.at

UNOS – Unternehmerisches Österreich
www.unos.at

AKADEMIKERVERBÄNDE DER PARTEIEN

Akademikerbund
www.akademikerbund.at

Bund sozialdemokratischer Akademiker, Intellektueller & Künstler
www.bsa.at

Freiheitlicher Akademikerverband
www.f-av.at

HOCHSCHULFRAKTIONEN

AktionsGemeinschaft (AG)
www.aktionsgemeinschaft.at

Verband Sozialistischer StudentInnen in Österreich (VSStÖ)
neu.vsstoe.at

Grüne und Alternative StudentInnen (GRAS)
www.gras.at

Ring Freiheitlicher Studenten (RFS)
www.rfs.at

Junge Liberale Studierende (JUNOS)
www.junos.at

Unabhängige Fachschaftslisten Österreichs (FLÖ)
www.fachschaftslisten.at

Fraktion Engagierter Studierender (FEST)
www.die-fest.at

Kommunistischer StudentInnenverband (KSV)
www.comunista.at

JUGENDORGANISATIONEN

Junge Volkspartei
www.jvp.at
Sozialistische Jugend
www.sjoe.at

Ring Freiheitlicher Jugend
www.rfj.at

Junge Grüne
www.junge-gruene.at

JUNOS – Junge Liberale NEOS
www.junos.at

Schülerunion
www.schuelerunion.at

Aktion kritischer SchülerInnen
www.aks.at

Katholische Jugend
www.katholische-jugend.at

Evangelische Jugend
www.ejoe.at

Muslimische Jugend
www.mjoe.at

Landjugend
www.landjugend.at

Österreichische Gewerkschaftsjugend
www.oegj.at
Österreichische Kinderfreunde
www.kinderfreunde.at

Österreichische Kinderwelt
www.kinderwelt.at

Österreichisches Jugendrotkreuz
www.jugendrotkreuz.at

Pfadfinder
www.pfadfinder.at

Bund Europäischer Jugend
www.jef.at

VERBÄNDE

In Österreich gibt es für fast jede Branche und für beinahe jedes Interesse einen Verband. Hier eine exemplarische Auswahl:

Österreichischer Gewerbeverein
www.gewerbeverein.at

Handelsverband – Verband österreichischer Mittel- und Großbetriebe des Einzelhandels
www.handelsverband.at

Verband der öffentlichen Wirtschaft und Gemeinwirtschaft Österreichs
www.voewg.at

Verband der Österreichischen Immobilienwirtschaft
www.ovi.at

Verband Österreichischer Banken und Bankiers
www.voebb.at

Verband der österreichischen Sozial- und Gesundheitsunternehmen
www.bags-kv.at

Verband der Österreichischen Musikwirtschaft
www.ifpi.at

Allgemeiner Sportverband Österreichs
www.asvoe.at

Verband der Elternvereine an österreichischen öffentlichen Pflichtschulen
www.elternverein.at

Verband der Elternvereine an mittleren und höheren Schulen Österreichs
www.bundeselternverband.at

Verband Freier Radios Österreich
www.freie-radios.at

Fundraising Verband Austria
www.fundraising.at

watch out:

THE COMMUNITY

CONNECT TO RE-INSPIRE

www.urbanin.com

Dr. Josef Mantl ist Kommunikationsunternehmer im Bereich Strategie, Kampagnen, Eventmanagement und Digital Media. Er hat in Rechtswissenschaften an der Universität Wien promoviert sowie einen Master in Integrated Marketing Communication am Emerson College in Boston absolviert, wo er zwei Jahre als Fulbright Stipendiat studierte. Er engagierte sich in den Presidential Campaigns von Hillary Clinton mit dem „Team Pacheco for Hillary" und den Democrats Abroad in Europa. 2009 startete er die Kommunikationsagentur JMC GmbH, die er als CEO leitet. Mantl ist Gründer der Nachhaltigkeitsinitiative »Sustainable Future Campaign«, »Al Gore Climate Leader«, Co-Founder des Social Business Startups „ReGreen" und „European Young Leader" der „Global Bridges". Josef Mantl ist Bezirksvorsteherin-Stellvertreter der Josefstadt, stv. Leiter des Instituts „go governance" und stv. Obmann des Vereins zur Förderung des Dialogs in Demokratie, Bildung, Wissenschaft und Kultur (Ennstaler Kreis). Er ist Vorstandsmitglied der Mobile Marketing Association und des Internet Advertising Bureau Austria, Supporting Member von AustrianStartups, Lektor an der FH Wien für Management und Kommunikation sowie Sprecher im Team Europe der Europäischen Kommission. Josef Mantl ist (Mit)Herausgeber der Bücher „Communicating Sustainability – Perspektiven der Nachhaltigkeit in Politik, Wirtschaft und Gesellschaft", „Dealing with Change – Österreicher über die Herausforderungen des 21. Jahrhunderts", „Mobile Marketing von App bis Z" und „Transparenz und Kommunikation der Europäischen Union im Lichte des Art 15 AEUV". Ebenso gründete er die Netzwerkplattform „UrbanIn – The Community" unter dem Motto „connect to re-inspire".